中共天津市委教育工作委员会
天 津 市 教 育 委 员 会 指导编写

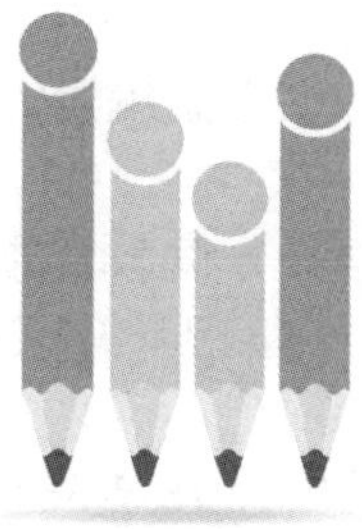

学校家庭教育指导教程

初中教师用书

天津市学校家庭教育指导中心 编

天津大学出版社
TIANJIN UNIVERSITY PRESS

图书在版编目（CIP）数据

学校家庭教育指导教程　初中教师用书 / 天津市学校家庭教育指导中心编. — 天津：天津大学出版社，2022.10

ISBN 978-7-5618-7285-7

Ⅰ. ①学… Ⅱ. ①天… Ⅲ. ①学校教育—合作—家庭教育—初中—教学参考资料 Ⅳ. ①G636

中国版本图书馆CIP数据核字（2022）第147676号

XUEXIAO JIATING JIAOYU ZHIDAO JIAOCHENG
CHUZHONG JIAOSHI YONGSHU

策划编辑　语　砚
责任编辑　张明硕
装帧设计　逸　凡

出版发行　天津大学出版社
地　　址　天津市卫津路92号天津大学内（邮编：300072）
电　　话　发行部：022-27403647
网　　址　www.tjupress.com.cn
印　　刷　北京盛通印刷股份有限公司
经　　销　全国各地新华书店
开　　本　710毫米×1010毫米　1/16
印　　张　13.25
字　　数　205千
版　　次　2022年10月第1版
印　　次　2022年10月第1次
定　　价　39.80元

《学校家庭教育指导教程》编委会

《学校家庭教育指导教程》

（初中教师用书和家长用书）

分册编委会

序

2022年1月1日，《中华人民共和国家庭教育促进法》（简称《家庭教育促进法》）施行，成为家庭教育发展的一个转折点。家庭教育由政府行政管理事项转变为国家法治事项，被纳入法治化轨道。“家事”上升为“国事”，开启了“依法家教”的新时代。

家庭教育立法有两个重点：一是家庭教育的领导体制，二是家庭教育的内容和方法。

《家庭教育促进法》明确了“各级人民政府指导家庭教育工作”的领导体制。第二十四条还要求“省级人民政府或者有条件的设区的市级人民政府应当组织有关部门编写或者采用适合当地实际的家庭教育指导读本”。天津市学校家庭教育指导中心编写这套《学校家庭教育指导教程》（简称《教程》），是贯彻《家庭教育促进法》的务实行动，同时具有引领作用。

“教什么”是家庭教育的核心问题。习近平总书记指出：“有什么样的家教，就有什么样的人。”（《习近平关于注重家庭家教家风建设论述摘编》，中央文献出版社，2021年，18页）“教什么”决定着有“什么样的家教”，决定着培育“什么样的人”。《家庭教育促进法》将家庭教育的内容作为重点来阐述，将其概括为“家庭教育五六九”：第五条列举了家庭教育的五项要求（可称五项原则），包括“尊重未成年人身心发展规律和个体差异”“尊重未成年人人格尊严”“遵循家庭教育特点”等；第十六条列举了开展家庭教育的六项内容，包括“教育未成年人爱党、爱国、爱人民、爱集体、爱社会主义”“帮助未成年人树立正确的成才观”“关注未成年人心理健康”等；第十七条列举了家庭教育的九种方式方法，如“亲自养育，加强亲子陪伴”“相机而教，寓教于日常生活之中”等。“家庭教育五六九”为父母或者其他监护人正确开展家庭教育提供了指引。

家庭教育中最重要的是品德教育。2016 年 12 月 12 日，习近平总书记在第一届全国文明家庭表彰大会上发表讲话，明确指出：“家庭教育涉及很多方面，但最重要的是品德教育，是如何做人的教育。”（《在会见第一届全国文明家庭代表时的讲话》，人民出版社，2016 年，4 页）由此可见，品德教育、做人教育是家庭教育的重点。《家庭教育促进法》开宗明义地将“道德品质”摆在家庭教育的第一位。《家庭教育促进法》明确提出“家庭教育以立德树人为根本任务”。家庭教育立德树人，重点在于立政治之德，即坚定理想信念。家庭教育立德树人，可从培养家国情怀入手。当前，立德树人的“短板”是政治之德薄弱。没有政治之德，则没有树人之义。

天津市学校家庭教育指导中心编写的这套《教程》，认真贯彻习近平总书记关于家庭教育的重要论述，深入落实《家庭教育促进法》中关于家庭教育的方式方法的“五六九”精神，更加突出品德教育、做人教育和立德树人根本任务，值得推荐阅读。

近年来，中共天津市委教育工作委员会（简称天津市委教育工委）、天津市教育委员会（简称天津市教委）高度重视学校家庭教育指导工作，印发了一系列关于学校家庭教育指导工作的文件。2020 年天津市教委出台了《关于深入推进家庭教育的通知》，明确全市各大中小学校（含中职学校）和幼儿园要充分发挥学校主导作用，落实学校组织责任，完善家校协同育人机制，集中研究解决家庭教育的突出问题。2021 年天津市委教育工作领导小组和天津市教育两委（即天津市委教育工委和天津市教委）先后发文，推动学校家庭教育工作规范化，要求各学校明确自身在家庭教育中的重要责任，引导家长与学校良性互动；将学校家庭教育建设纳入对区级教育行政部门思政工作的考核；要求各区教育行政部门积极开展家庭教育指导工作，不断探索家庭教育的有效途径和方式。天津市各区涌现出了很多家校协同育人的典型，天津市学校家庭教育工作取得了显著进展。

2021 年天津市教委为进一步增强学校家庭教育指导工作的针对性和实效性，决定编写《学校家庭教育指导教程》。在天津市教育两委的领导、统筹下，天津市学校家庭教育指导中心成立了专门的编写委员会，组织学校家庭教育专家和各学校的校长、教师开展编写工作。

《教程》旨在向教育工作者和家长传达正确的家庭教育理念，宣传科学的家庭教育方法，帮助学校和家庭建立起和谐、紧密的沟通联络关系，指导家长与学校共同培养身心健康、积极向上的孩子。《教程》的编写围绕不同学段学生的身心特点、认知规律以及家庭教育需求，既考虑到孩子成长教育的连续性，又努力做到教育内容的专题性和系统性的统一。《教程》依据家庭教育现状调查情况，借鉴了家庭教育工作的典型经验和做法，介绍了家庭教育知识和方式方法，语言平实，可读性强，便于教师使用、家长理解和操作。

《教程》分为教师用书（5 册）和家长用书（5 册）共 2 套。2 套书均分为幼儿园、小学 1—3 年级、小学 4—6 年级、初中和高中等 5 册。教师用书与家长用书视角不同，但主旨都是以解决孩子成长中的问题为导向，遵循教育规律，以儿童、青少年发展为本，将科学的教育理念和教育方法落实到家庭教育的实践中。

愿《教程》成为教师指导家长开展家庭教育和科学育儿的好帮手，让我们共同努力，为学校、家庭、社会协同育人做出应有的贡献，让我们的孩子幸福生活、健康成长！

教育部关心下一代工作委员会常务副主任

教育部基础教育司原副司长

2022 年 3 月

编写与使用说明

为学习贯彻落实习近平总书记关于家庭教育的重要论述，落实《中华人民共和国家庭教育促进法》，中共中央办公厅、国务院办公厅印发的《关于进一步减轻义务教育阶段学生作业负担和校外培训负担的意见》《教育部关于加强家庭教育工作的指导意见》和天津市教委出台的《关于深入推进家庭教育的通知》等法律法规和文件的精神，在天津市教育两委的领导和指导下，天津市学校家庭教育指导中心编写了《学校家庭教育指导教程》（简称《教程》）。

现就《教程》的编写指导思想、编写目的、编写原则、体系架构、指导要点、内容编排和使用要求等做如下说明。

一、编写指导思想

坚持以学习贯彻落实习近平总书记关于家庭教育的重要论述为指导，以立德树人为根本任务，以引导家长树立正确的育人观、提升家长科学实施家庭教育的能力为主线，以促进学生德智体美劳全面发展为核心，坚持目标导向、问题导向、需求导向和实效导向，着力构建学校家庭教育指导服务体系，推进家校协同育人，提升学校家庭教育整体质量。

二、编写目的

以学生的发展为本，遵循学生身心发展规律和家庭教育指导工作规律，帮助家长树立正确的育人观，指导家长掌握科学的教育方法，以形成良好的家庭氛围，促进学生健康成长和全面发展。

《教程》分为教师用书和家长用书，使用主体人群分别是教师和家长。《教程》以帮助教师和家长了解学生在不同年龄阶段的成长特点为导向，指导教师和家长共同掌握家庭教育方面的科学理论和方式方法，以帮助学生解决在成长中遇到的实际问题。

三、编写原则

（一）方向性原则

遵循党的教育方针，坚持立德树人，强化全面发展；家校协同培养体魄强健、品德良好、人格健全的学生；推动家庭教育在培养德智体美劳全面发展的社会主义建设者和接班人中发挥重要的作用。

（二）学生为本原则

坚持以学生为本，遵循学生的身心发展规律，尊重学生的个性差异，着力为家长提供科学化、规范化、专业化的教育指导，促进学生健康成长。

（三）家长主体原则

坚持以家长为主体，引导家长认识到家庭教育的重要性，帮助家长不断提升家庭教育能力并主动加强家校沟通，促进家长与学生同进步、共成长。

（四）理论联系实际原则

注意理论联系实际，考虑家长的接受能力，深入浅出，内容讲求实效。注意家庭教育中的热点、重点、难点问题，为家长释疑解惑，教给家长具体的方法，使家长学有所得。

四、体系架构

《教程》的教师用书和家长用书都按照学段划分：教师用书共 5 册，包括幼儿园教师用书、小学 1—3 年级教师用书、小学 4—6 年级教师用书、初中教师用书和高中教师用书；家长用书共 5 册，包括幼儿园家长用书、小学 1—3 年级家长用书、小学 4—6 年级家长用书、初中家长用书和高中家长用书。每册都设计了18个专题，在明确各年龄阶段孩子的身心发展特点的基础上，构建各学段有机衔接、层层递进和全面系统的指导体系。

五、指导要点

（一）幼儿园学段家庭教育指导要点

家长要帮助孩子尽快适应幼儿园生活；学会科学的教养方法；重视养成教育，从小培养孩子的良好生活、卫生习惯；关注孩子在健康、语言、科学、社会、艺术等方面的成长，引导孩子在快乐中成长；关注从幼儿园过渡到小学时应注意的家庭教育问题。

（二）小学1—3年级学段家庭教育指导要点

家长要引导孩子树立家国情怀；培养孩子良好的道德品质；帮助孩子养成良好的行为习惯；引导孩子锻炼身体和学会安全自救自护；指导孩子快乐生活与学习。

（三）小学4—6年级学段家庭教育指导要点

家长要培养孩子朴素的爱国情感；指导孩子学法、知法、守法；培养孩子的自理、自立和抗挫折能力；引导孩子正确交往、关爱他人；培养孩子的学习兴趣、特长和爱好，以抵制不良诱惑；培养孩子的创新能力。

（四）初中学段家庭教育指导要点

家长要引导孩子自觉践行社会主义核心价值观；了解青春期孩子的心理特点，开展心理健康辅导，做好法治教育与失足预防；帮助孩子掌握学习方法、提高学习能力，助推孩子个性成长；以身作则，营造良好的家庭氛围，促进孩子全面发展。

（五）高中学段家庭教育指导要点

家长要教育孩子树立家国意识、理想信念，认识到国家前途、命运与个人价值的统一关系；学会与孩子平等沟通，增进彼此的了解；指导孩子正确处理人际交往、情感沟通等问题；做好孩子高考心理压力的纾解和升学、择业的指导。

六、内容编排

《教程》（教师用书）每个专题由指导目标、现状分析、故事聚焦、剖析根源、指导策略、实践思考和智慧分享等7个部分组成。

指导目标帮助教师明确本专题的主要内容。现状分析结合教育主题分析孩子存在的问题，帮助家长掌握孩子成长的现状及影响因素。故事聚焦用具有深刻教育意义的生动案例，促使家长深刻反思自己在家庭教育中存在的问题。剖析根源结合案例，运用心理学和教育学的理论进行通俗易懂的问题分析。指导策略为家长提供教育孩子的策略和方法。实践思考通过问题思考和活动方案为家长提供实践指导。智慧分享为家长提供家庭教育学习资料，拓宽其视野。

《教程》（家长用书）每个专题由导读、故事讲述、解读明理、招法指导、延伸学习和践行作业等6个部分组成。

导读概述每个专题的主要内容和教育目的。故事讲述通过故事促使家长深刻反思自己在家庭教育中存在的问题。解读明理对故事中出现的问题进行透彻的分析。招法指导针对孩子的问题，教给家长教育策略和方法。延伸学习为家长提供家庭教育学习资料，拓宽其视野。践行作业结合学习内容，让家长进行模拟实践练习，巩固学习内容。

七、使用要求

（一）坚持立德树人，“五育”并举

《教程》倡导家庭教育要德育为先、“五育”并举。要提高政治站

位，引导孩子形成正确的世界观、人生观和价值观；引导孩子培育和践行社会主义核心价值观，用良好的家教、家风涵养道德品行；注重培养孩子的兴趣和特长，帮助其树立正确的学习目标，为其创造良好的学习环境，培养其良好的学习习惯；帮助孩子掌握运动技能，养成健康运动的习惯；通过阅读、践行文明礼仪、发展艺术特长等，培养孩子认识美、爱好美和创造美的能力；重视劳动教育，在家庭生活中引导孩子形成劳动观、认识劳动价值，激发孩子的劳动兴趣，使其掌握劳动技能、养成劳动习惯。

（二）坚持家长主责，言传身教

家长在家庭教育中负有主体责任，要依法依规履行对子女的监护职责和抚养教育义务。《教程》坚持需求导向，强调家长的言传身教，既注重解决家长经常遇到的实际问题，帮助他们掌握家庭教育理念和方法，提升科学施教的能力，又强调发挥家长的积极性和主观能动性，引导家长注重提升自身素质，以榜样的力量影响孩子，进而促进亲子互动、共同提高。

（三）坚持尊重孩子，协同育人

《教程》依据《中华人民共和国家庭教育促进法》，以尊重和保护儿童、青少年的权利为出发点，将“儿童、青少年是独立的权利主体”的观念贯穿始终，根据儿童、青少年的成长规律和相应学段的特点选择相应的教育内容。《教程》以学生发展中存在的问题为导向，围绕家庭教育中亟待解决的问题设立专题，具有很强的时代感。这些专题都是当前家长需要了解和掌握的家庭教育方面的重要内容。家长要因人而异，采用不同的方式指导孩子，促进孩子个性发展和全面发展。

（四）坚持协同育人，讲求实效

《教程》本着科学、实用、有效的原则，剖析常见的家庭教育案例，循序渐进地进行家庭教育理论的阐述和家庭教育方法的分享，避免了从理论到理论、从概念到概念的枯燥说教，尽量采用鲜活的实例、生动的语言进行深入浅出的分析，旨在帮助广大家长树立科学的家庭教育观念、学习基础的家庭教育知识、掌握有效的家庭教育手段和方法。

最后，希望广大教师和家长在使用《教程》过程中总结经验，提出意见和建议，使《教程》进一步丰富和完善。

编　者

2022 年 2 月

目录

一

二

一

适应教育

驶入成长新航道——帮助孩子适应初中生活

一、指导目标

（1）帮助家长全面了解孩子升入初中后产生的不适表现及根源。

（2）指导家长学会引导孩子悦纳新环境，建立和谐的人际关系，掌握新的学习方式和方法。

（3）助力家长构建良好亲子关系，增强孩子对初中生活的掌控感和适应力。

二、现状分析

从小学升入初中，是孩子人生的一个重要进阶。在这一过程中，升入初中孩子不仅要面临新阶段、新环境、新学习内容，还要重新构建人际关系和适应角色转变。七年级的孩子在升学转变的过程中存在着五个方面的特殊性：成熟性与幼稚性并存、独立性与依赖性并存、开放性与封闭性并存、向上性与盲目性并存、新鲜感与紧张感并存。生理、心理、外在环境和人际关系发生改变，学习科目增多，学习内容更复杂、深入，教师的教学方法发生变化，这些都给孩子们带来了全新的体验和压力。由于对新环境不适应，他们常常怀念小学时的学校与班集体，在认知、情绪、行为等方面容易出现孤独、迷茫、困惑、焦虑的情绪，对学习产生畏惧和排斥的心理，容易出现“新生适应不良综合征”。

孩子升入初中后出现不适的表现有以下几方面。

（1）不了解初中的学习特点，缺乏有效的学习方法，学习动力不足，学习效率下降。

（2）有的孩子性格拘谨内向、情绪稳定性差，容易产生沟通障碍，进而出现焦虑、孤独、恐惧、抑郁等不良情绪。

（3）从稚气难脱到逐渐成熟，升入初中，不少孩子玩心还很重，心理状态不够成熟，不能适应中学生的角色。

（4）有的孩子人际交往不顺利，自我评价降低，容易产生自卑心理。

（5）容易出现不良行为问题。升入中学，有的孩子觉得自己长大了，就对自己放松要求。违反校规校纪、打架、骂人、抽烟、考试作弊等不良行为时有发生。

教育部在2012年修订的《中小学心理健康教育指导纲要》中指出，要帮助学生“适应中学阶段的学习环境和学习要求，培养正确的学习观念，发展学习能力，改善学习方法，提高学习效率”和“逐步适应生活和社会的各种变化，着重培养应对失败和挫折的能力”。

三、故事聚焦

津津开学记

习习秋风送走了炎炎夏日，吹开了开学季的校门，沉寂了一个暑假的绿茵场上再一次活跃着孩子们奔跑的身影。9月1日是津津迈入初中校门的第一天，在去学校的路上，津津爸异常兴奋、语调上扬地说：“我的宝贝闺女今天就是初中生了，我们还要继续做班里的‘佼佼者’和‘人气王’！”听了津津爸的话，津津妈迫不及待地回应道：“那必须的，闺女小学六年从未让我们操心过！”一家人在热切期盼中迎来了津津的开学季。

本该开启成长新航程，谁知在这个特殊的开学季，津津一家却遇到了从未有过的烦恼……

开学两周了，每次津津妈接津津放学时，津津都会表情淡漠、低头不语，表现出很累的样子。津津爸和津津妈对女儿的表现感到十分急躁，再三追问下，津津吐出了心里的苦水：上了初中后，学习的科目比小学多了，老师讲课节奏比小学快了，自己感觉学习有些吃力；在班里也没有熟悉的老师和谈得来的同学，自己无法融入新集体。听着津津的哭诉，津津妈泪在眼中，急在心里，不知如何帮助女儿跨过开学这道坎。看着娘俩哭哭啼啼的样子，津津爸再也无法掩饰心中的怒火，冲着女儿大喊道："就你矫情，谁不是从小学升入初中的，有什么不适应的呢？"听了爸爸的话，津津觉得自己更委屈了，对接下来的初中生活充满无助感，一场没有硝烟的"战争"在家里上演……

第二天，津津妈找到了津津的班主任，将津津开学后的表现和班主任哭诉了一番。听了津津妈的话，班主任大概明白了津津妈想要寻求什么帮助。

"孩子从小学升入初中，角色、环境、学习、人际关系均会发生变化，这些变化势必会给孩子带来身心方面的不适应，但这都是成长道路上不可避免的，作为家长需要关注孩子的这些变化，但也不必为此过分恐慌和焦虑。科学预判、正确面对、合理引导会帮助孩子顺利度过弯道期的。"听了班主任的这番话，津津妈静静地思考了一会儿，之后一改之前的焦灼无助，重重地点了点头，向班主任投去感激的目光。

后来，班主任与津津的父母又见了几次面，制订了一个帮助津津适应初中生活的成长计划。班主任让津津在班里担任班委职务，让她能够多与同学进行沟通交流。班主任还联合任课老师一起帮助津津解决学习中的困难。津津的父母也尽他们所能，帮助津津减少新环境带来的压力。慢慢地，津津的学习压力逐渐减小，在班上也充分展示出自己优秀的一面，深受老师和同学的喜爱，还有了自己的闺密。这样的变化不仅让津津对长大充满了期待，更让津津的父母有了陪伴孩子继续航行的勇气和信心。

四、剖析根源

开学季，开启了亲子共同成长之旅。在这段特殊的航程中，很多孩子像是遇到了人生的雨季，感觉道路泥泞，前行受阻。孩子们会因为开学初的适应不良表现出成长动力不足、启航受挫等种种问题。让我们根据《津津开学记》分析出现问题的原因。

（一）心理准备不足引发适应不良

升入七年级，意味着需要完成从小学生活到初中生活节奏的转换。面对新的生活环境、体验新的学习方式、接受新的学科知识、交往新的老师和同学，孩子会感到既新鲜又紧张。和津津一家一样，许多家长和孩子都没有做好足够的心理准备，没有充分预估到升入新学校的各种变化，没有准备好充足的应对措施。在这样的情况下，有些适应能力强的孩子也许能够顺利完成角色转变，但有一些心理弹性差、敏感内向的孩子，很容易在转变的过程中出现适应不良的问题，继而产生失眠、烦躁、情绪波动明显、拖延、孤独、焦虑等不良情绪和问题。

（二）学习方式改变导致习得无助

小学阶段的学科门类少，教师遵循小学生的认知特征多采用直观、形象、生动的教学方法。升入七年级，伴随教学内容的陡增、课程设置的变化、班级学生数量的增加，教师无法做到面面俱到，可能更关注难点、重点的突破。教师的授课方式和课堂进度发生很大变化，这对学生的课上专注度和课下学习效能都提出了新要求，学生因此易产生畏难情绪。这时如果没有明确的目标和计划，仍然采用单一的学习方法应对当下的学习任务，就会像津津一样出现手忙脚乱、应付不来的情况，长此以往可能会引发习得性无助和厌学心理。

（三）依赖关系缺失致使孤立无援

七年级学生虽然从小学的成长航道跨越到初中的新航道上，但是心理上依然比较稚嫩。面对不同性格、习惯和全新面孔的同龄人，孩子们需要重新选择朋友。因此，人际关系的重新确立和朋友的重新组合，对新入学的孩子来说是个新课题。而师生关系的变化，也让像津津这样的孩子感到不适应。此外，正值青春期的孩子叛逆、敏感，与家长沟通也是一种全新的挑战。无论是同伴关系、师生关系还是亲子关系，都变得更为复杂多样。这些变化让很多孩子觉得缺乏心理依赖，继而引发孤独、焦虑等一系列情绪问题。

五、指导策略

温室里的花朵经不起风吹雨打，我们的教育不应是交给孩子一个完整的世界，而应是引导和帮助他们用智慧和力量去创造一个崭新的世界。孩子开学后，家长在领航孩子成长的过程中，需要帮助孩子接纳自身角色的转变，适应新的学习任务和要求，建立和谐的人际关系，增强心理弹性和适应能力，家长要为孩子注入积极有效的成长“心”动能，帮助孩子变环境压力为成长动力，让孩子顺利驶入成长新航道。

（一）做一道“学习营养餐”，丰富学法，悦纳课程

从心理学角度来看，一个人要快速适应学习，高度的计划性、内在的驱动力、强大的专注力和坚韧的毅力都是必不可少的。为有效应对初中学习方式不合适的问题，家长可以为孩子做一道“学习营养餐”，通过和孩子一起制定“学习营养餐”的“烹饪攻略”让孩子悦纳初中学习课程。

在开学前，家长要耐心地和孩子一起采购“学习营养餐”的“烹饪食材”，精准分析孩子的学习现状。开学后，家长要和孩子制定出切合实际的“烹饪”目标（包括学期目标、月目标、周目标），并制定达成目标的考量机制和奖惩机制。同时还要为孩子准备“丰盛”的学习方法，比如：掌握“四先四后”“两小结”的学习方法。“四先四后”即：①先预习后听课；②先复习后作业；③先分析后答题；④先理解后记忆。“两小结”是：每周利用双休日对一周所学内容进行梳理；每学完一个单元进行一次书面总结，做到课课清、段段清、句句清。家长还要引导孩子科学地管理时间，劳逸结合，提高学习效率，助力孩子快速驶入学海新航道。

（二）备一瓶“情绪心饮料”，舒缓情绪，巧赋动能

成长是一个化茧成蝶的过程，当学习和生活让孩子感到无法适应，不良情绪就会悄然而生。这时我们需要准备一瓶“情绪心饮料”，家长一方面要关注和接纳孩子在开学初期的各种情绪反应，另一方面也要保持自身的平和心态，做好情绪管理。

在开学初期，孩子心中产生的烦躁、焦虑等不良情绪，其实是对开学这一应激事件的适应，更是在向父母传递信号——“爸爸妈妈，此时我困在适应困难的陷阱里走不出来了，请快来帮帮我吧！”。因此，当看到孩子出现不良情绪时，家长不要马上批评孩子，更不能漠视孩子的情绪变化，既要引导孩子觉察、接纳自己的情绪，又要引导孩子使用正确的方式释放情绪，比如画画、唱歌、运动、和好朋友聊天等等，也可以引导孩子在开学初期对自己进行积极的心理暗示。同时家长自身也要备一杯“情绪心饮料”，合理、适度、准确地表达情绪，理性、科学、巧妙地管理情绪。

（三）建一座“关系能量厂”，满足归属，收获自信

归属和爱是孩子成长过程中不可或缺的精神食粮，在满足孩子成长需要的过程中，和谐的关系、完善的社会支持系统能够为孩子的健康成长提供满满的心理能量。对七年级的孩子而言，他们渴望拥有亲密的师生关系、融洽的同学关系、和睦的亲子关系，这些关系在一定程度上能够满足孩子在成长过程中对归属和爱的需要。

面对人际关系的重新构建，家长需要帮助孩子建一座“关系能量厂”。首先，要建立和谐的亲子关系，和谐的亲子关系是孩子适应新环境的帮手。对孩子在开学初期表现出的身心反应，家长要换位思考、合理期待、承认差异、积极关注、接纳认同。其次，要引导孩子主动适应老师，鼓励孩子与朋友交往，融入班集体，助力孩子构建和谐、安全的同伴关系和师生关系。最后，要引导孩子开发自身的心理潜能，扩充外部支持系统，建立稳定的人际关系。

六、实践思考

（一）思考题

孩子从小学升入初中后，容易在哪些方面产生不适表现？

【参考答案】

从小学升入初中，是孩子人生的一个重要进阶。孩子不仅要面临新阶段、新环境、新学习内容，还要重新构建人际关系和适应角色转变。因此孩子容易在角色转换、环境、学习、人际关系等方面产生不适表现。

（二）情境题

棒棒七年级开学的这段时间内，放学回家后总和妈妈抱怨："不喜欢初中生活，学习任务重、没有朋友，过得一点也不开心。"每次一听到棒棒的哭诉，妈妈总会不耐烦地回应："就你矫情，哪有那么多不开心的事？过一段时间就好了。"请问：棒棒妈妈的做法对吗？请试着说说理由。

【参考答案】

棒棒妈妈的做法不对，开学是生活中具有代表性的"变化"之一，面对变化，孩子需要展现出自己的适应力。作为家长，忽视孩子的各种反应，或者只是在口头上为孩子加油鼓劲，又或是简单地为孩子直接解决问题，都不利于孩子在这个阶段增强适应力。当孩子开学后，家长要做的不仅仅是要求孩子主动融入新的环境，还要走进孩子的世界，陪伴孩子完成融入新环境的过程，对孩子面对成长的新航道出现的各种畏难情绪和表现要积极关注与尊重认同。

（三）案例分析题

七年级学生陈明刚刚步入初中阶段，小学时的他成绩在班里名列前茅，多才多艺，是众人眼中的一颗星。而升到初中后，班里新星云集，陈明的耀眼光芒被掩盖，面对这一情况，陈明顿感初中生活无趣无味。陈明升入初中后，为什么顿感初中生活无趣无味？作为陈明的家长具体应怎样帮助孩子呢？

【参考答案】

刚刚升入七年级的陈明从小学里"众人眼中的一颗星"到初中后"耀眼光芒被掩盖"，面临在班级里位置的改变，如果陈明面对这一变化，不能提前预判，无法适应，自然会觉得"初中生活无趣无味"。作为陈明的家长，需要为孩子做一道"学习营养餐"，帮助孩子丰富学法，悦纳课程；备一瓶"情绪心饮料"，接纳孩子在开学初期出现的不良情绪反应，帮助孩子舒缓情绪；最重要的是要帮助孩子建一座"关系能量厂"，满足孩子的归属感，提升孩子的自信心。

（四）亲子实践活动

制作适应力提高亲子手账

为帮助孩子在成长过渡期提高适应力、增强表达力，家长和孩子可在开学初期选择一个家庭氛围温馨的日子，一起探讨、交流提高适应力的方法。在制作亲子手账的时候，要以孩子为主，家长起引导和辅助的作用。

制作说明如下。

（1）我的新角色：家长陪孩子一起思考步入初中后自己的新角色是什么。

（2）我的适应目标：家长和孩子一起思考进入初中后的成长目标。

（3）我的新挑战：家长和孩子思考从小学过渡到初中，可能会在哪些方面遇到困难，是人际关系、学习、环境还是角色转换。

（4）造成适应困难的原因：家长帮助孩子一起分析造成开学后适应困难的原因有哪些。

（5）克服困难的积极影响：家长引导孩子思考克服开学初期的这些适应困难对未来发展有什么积极影响。

（6）适应性压力的消极影响：家长陪孩子一起思考如果任由开学初期的这些适应性压力肆意发展，对孩子日后的身心发展有何消极影响。

（7）我的行动：孩子需要采取哪些行动来适应不良问题。

（8）家长的行动：家长需要采取哪些积极有效的行动来帮助孩子。

（9）我需要的帮助：帮助孩子找到除自己和家长之外的其他社会支持系统。

（10）亲子共成长的能量棒：一起寻找提高适应力的亲子关系能量棒。

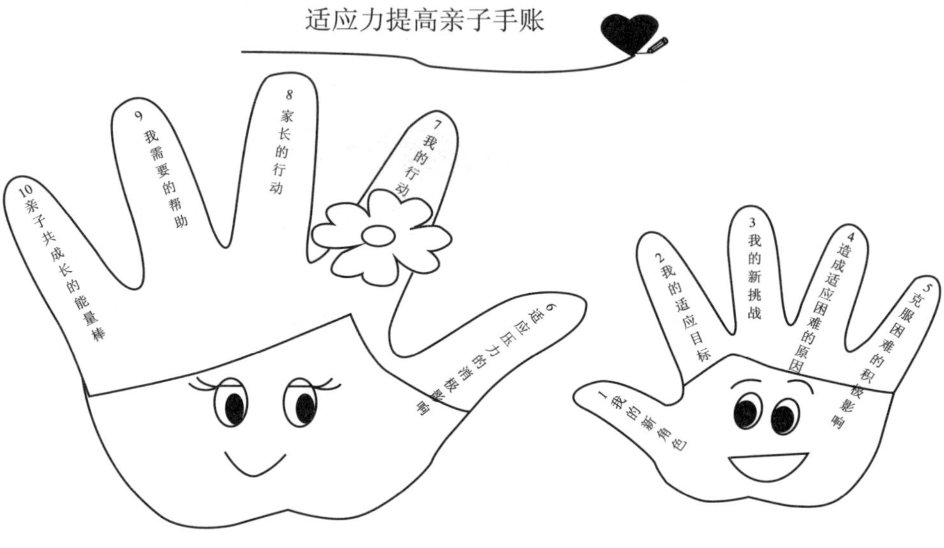

七、智慧分享

（一）学习资料

适应变化的好方法

适应力是孩子成长过程中重要的生存能力之一。当孩子在成长过程中遇到变化（例如升学、转学等等）时，家长要引导孩子接受变化，并习得适应变化的积极应对措施和适应变化的好方法。

1. 掌控感对于适应力非常重要

突如其来的改变（例如学习方式、环境、人际氛围、角色等）会让孩子们觉得一切都失控了，所以请家长不妨试着引导孩子找个时间问问自己："此刻，我可以自由选择什么？"让孩子对当下的生活、学习、人际关系、环境有掌控感，从而提高孩子对环境的适应力。

2. 在改变过程中庆祝每一次成功，无论是多小的成就

每当孩子在适应变化的过程中取得一点点成就时，比如建立了一段新的同伴关系，和新老师进行了首次沟通，完成了一天的学习任务。请引导孩子赞许自己在适应变化中向前走所做出的努力。在一天即将结束之际，和孩子一起回顾一整天所做的事，对任何点滴成就，都要好好庆祝。“庆祝”能创造正面（积极）力量与前进的动力。

3. 在开学初期，设定固定的担心时间

如果发现孩子在开学初期过分担心自己当下的处境，不妨引导孩子为自己设定每天 15 分钟的担心时间。当担心时间设定好后，在这以外的时间中，只要孩子一开始担心，就让他（她）告诉自己，现在还没到担心时间，并分散孩子的注意力，比如让孩子读一本书、开展亲子活动……只要是能占据孩子心思的事就可以。

摘自《你可以不怕改变》（有改动）

〔美〕M. J. 赖恩，译林出版社

（二）推荐书目

《在游戏中帮助孩子提高适应力》（〔英〕黛博拉·M. 普卢默，北京师范大学出版社）

那些应对变化有困难的孩子或者经历令人不适的高压和焦虑的孩子，经常需要别人来帮助他们理解并管理自己的情绪。本书的创新之处在于，将家长易于接受的育儿理念融入精心设计的丰富游戏活动之中，让亲子在游戏体验中提高适应力、获得成长力，从而帮助孩子应对这些困难，帮助他们树立情感意识，增强心理弹力。邀请家长陪伴孩子体验下面的游戏。

通过接下来的亲子游戏，你将帮助你的孩子：了解变化是生活的自然组成部分；知道可以通过培养获得成功应对变化的技巧；接纳面对变化的烦恼和焦虑情绪。

游戏 1：亲子游戏——我发现变化

周末带着孩子外出游玩时，一起开展“我发现变化”的亲子游戏。家长可以提及一些自然的变化，例如树叶从树上掉落，蝌蚪变成青蛙；还可以谈论人为的变化，例如大楼被拆了，新的楼房拔地而起，商店里的橱窗摆放了不同的物品，等等。鼓励孩子想一想自己最近发生了什么变化。

在体验完这个游戏后，可引导孩子接纳生活中的各种变化，包括自身当下所面临的角色转变。让孩子知道生活中的变化无处不在，以及当变化来临时，需要采取哪些有效的应对措施。

游戏 2：词语游戏——我接纳变化

让孩子列出能想到的尽可能多的与应对变化有关的词语或短语。例如：惊吓的、令人激动的、令人担心的、令人感兴趣的、有挑战性的、有意思的、悲伤的、快速的、缓慢的、被控制的、不能控制的、有压力的等等。

在这个游戏过程中不需要防止孩子对变化产生消极情绪，应让孩子有时间去发现所有可能的感觉，让他（她）确信对一些变化感到担心或害怕而对另一些变化感到兴奋是正常的，引导孩子接纳变化这件事。

游戏 3：心理画游戏——我适应变化

请孩子画出“以前的我”和“现在的我”，提醒自己已经经历了很多事情，并列出一路上学到的或者提高的技巧。帮助孩子通过心理画对比体验寻找应对变化、增强适应力的技巧。

价值观教育

偶像崇拜不盲目——培养孩子正确的价值观

一、指导目标

（1）帮助家长了解孩子崇拜的偶像，理解孩子偶像崇拜的情感需求。

（2）引导家长关注偶像崇拜对孩子的心理影响，培养孩子正向的价值导向。

（3）提升家长温性疏导偶像崇拜行为的能力，用科学的方法进行家庭教育，助力孩子健康成长。

二、现状分析

偶像崇拜指个体对自己所仰慕的对象产生的一种钦佩和推崇心理，以及由此引发的一系列学习和模仿行为。价值观是人们关于什么是价值、怎样评判价值、如何创造价值等问题的根本观点。

初中生成长发展规律表现在以下几点。①心理发展的一般特点：处于自我意识发展的第二个飞跃期，更加关注个性特点，关注自我的发展和变化，呈现兴趣范围缩小、中心兴趣形成，兴趣的稳定性和深刻性加深的状态。②认知发展的一般特点：抽象逻辑思维发展迅速，思维方式摆脱了具体内容的束缚，假设 - 演绎推理能力有一定发展，但容易片面或浮于表面。③社会性发展的一般特点：伙伴关系、亲子关系、师生关系是最主要的社会关系，其中伙伴关系更具平等性，一个人若适应能力较好，那么其伙伴关系也会发展良好。④道德品质发展的一般特点：道德品质发展还处于较为动荡的状态，伦理观开始形成，随着年龄的增长开始运用一定的道德观念、原则、信念对行为加以约束和调节，但也表现出两极分化的特点。⑤价值观发展的一般特点：价值观开始萌芽，到高中阶段将初步形成。

孩子在偶像崇拜方面的问题主要有以下几点：①片面地喜欢或崇拜偶像，因为外形或某个特点就带着欣赏的眼光去看待偶像；②无法把握偶像崇拜这一行为的尺度，有的可能会参与粉丝团进行非理性的追星行动，如在公共场合围追堵截明星影响公共秩序；③把偶像神化甚至将其作为精神寄托，生活在幻想的世界中，导致身心健康出现问题；④功利化思想严重，认为出名、赚钱有捷径可走，学习兴趣降低，甚至出现厌学的情况，进而导致荒废学业。

中共中央网络安全和信息化委员会办公室（简称中央网信办）于2021年8月发布《关于进一步加强"饭圈"乱象治理的通知》，其中特别指出"严禁未成年人打赏，严禁未成年人应援消费，不得由未成年人担任相关群主或管理者，限制未成年人投票打榜，明确明星粉丝团、后援会等线上活动不得影响未成年人正常学习、休息，不得组织未成年人开展各种线上集会等"

三、故事聚焦

我要当他的"铁粉"

小蓝是一名初中二年级的女孩子。之前小蓝有着自己的梦想，希望长大后能成为一名记者。性格有些内向的她，希望能在学习和生活上突破自己。她开始留意媒体中的一些公众人物，特别是频繁出现在电视上的明星。慢慢地，她的视线开始从群体向更吸引她的个体上转移，一个偶像团体中的一位成员成了小蓝特别关注的对象。小蓝看遍了他出演的影片，学唱他的歌曲，反复观看他的各种演出视频、现场音乐会等。不知道从什么时候开始，那个为了自己的梦想而努力的小姑娘不见了，小蓝开始无心学业，也很少与同学交流，她把自己封闭在偶像粉丝团的小圈子里。她的父母也察觉到了小蓝的变化，多次劝导她，甚至撕掉了她收集的偶像的照片、海报。但即便这样，小蓝对这个明星的崇拜也丝毫没有减少。她认为父母不理解她，同学也不懂她的心意。她把零用钱、压岁钱都攒起来，为了攒钱有时早饭都不吃，就想偷偷去相邻的城市参加这位明星的现场粉丝活动。因为没有办法自己购票而未能成行，她便用这些钱和粉丝团里的其他粉丝合买了礼物送给这位明星。随着时间的推移，小蓝在追星的路上越走越远，一开始每周总有一两天不能按时到校上课，后来慢慢发展到连续一两周不到校，即使到校上课在班里也不与同学交流，她在日记中写道："看着他我就觉得莫名欢喜。他的眼神、他的歌声都是那么美好，他与众不同的特质深深吸引着我。""以前我想成为一名记者，现在觉得成为记者也没有那么好，我要当他一辈子的'铁粉'。"

四、剖析根源

（一）不良的追星风气

班杜拉是社会学习理论的代表人物，他认为个体的行为特别是复杂的行为主要来自人的后天习得。在这种习得中，其中一种方式是通过观察他人的行为进而进行学习并影响自己的行为，班杜拉将它称为"通过示范所进行的学习"，在观察学习中人们获得了示范活动的象征性表象，并以此引导自己的行为。社会上不良的追星风气，互联网传播的不良信息，都会引发一系列学习和模仿行为。这些具有传播性的负向示范活动成了不良后果的导火索。

（二）父母家庭教育方式方法不科学

孩子从青春期开始由原来的父母控制向自我管理发展。许多事情由原来的父母主导转向孩子逐步拥有一定的选择或决定空间。孩子 12 岁后有了一定的判断能力，自己开始尝试独立做出选择。而这个时期正处于心理发展的动荡阶段，孩子的心理发育尚不成熟，情绪起伏较大，逆反心理强烈，自控力较薄弱，在不恰当的教育方式下被过度溺爱，都是造成盲目崇拜的原因。

（三）社会关系发展受阻

初中阶段是伙伴关系的重要发展阶段，伙伴关系的影响开始逐步替代来自家庭和父母的影响。伙伴关系对个体心理发展具有积极的意义。一些青少年因盲目的偶像崇拜行为，出现了心理上的偏差甚至过早辍学，从而导致孩子缺少正常的社会关系和人际交往，无法从同龄伙伴身上得到积极的互动与影响，也无法在出现烦恼或情绪波动时向伙伴倾诉苦闷，获得伙伴的安慰或陪伴，进而导致不良后果的产生。

（四）情感需求更加丰富

随着社会角色的增加，父母与孩子直接交往的时间减少，教养重点发生转移，父母对孩子的关注由生活转向学习，忽视了孩子青春期身心发展的巨大变化。青春期是身心发展的飞速期，性腺、性器官和第二性征迅速发育并趋于成熟。生理上的变化与成熟，促使心理上产生更多的成人感，这种感觉不仅停留在对外形的模仿和追求上，更使孩子在心理上希望体验新的角色，并从中感受到不同的情绪。这些想法一开始压抑在心中，当某个人身上具有自己喜欢的特点时，孩子则会把这种情感投射在这个对象上，把其当作崇拜或仰慕的对象，进而产生心理依赖。

（五）把偶像过度理想化

中学阶段的孩子还处于天真烂漫的非现实性思维状态，自身的认知水平、道德水平、人格、兴趣爱好等方面还处于发展阶段，受思维方式和能力的限制仍无法合理地评估和判断对仰慕的对象产生的钦佩、推崇，难免会以偏概全，不能认真思考、辨析什么样的人才值得视为偶像，从偶像身上应习得什么，哪些偶像崇拜的行为是不恰当的，怎么选择对自己未来发展有益的偶像等问题。

五、指导策略

（一）以法为线，理性崇拜

家长可以通过典型案例普及有关法律知识，提高孩子的法治意识。对那些没有主体责任意识，不能遵法守法的公众人物要做好信息把关，指导青少年用文明行为自觉抵制对偶像盲目崇拜的不良现象和不良行为，实现偶像崇拜行为的良性发展。

（二）理想指引，价值导航

通过一些有关青少年偶像崇拜的研究可以发现，青少年对偶像的“仰望”发生了质的改变。现在的青少年追随的偶像不仅是明星，蹬三轮资助贫困生上学的白方礼、用生命诠释为人民服务的雷锋，他们的事迹也在感动着青少年一代，他们的崇高精神影响着许许多多青少年。青少年作为社会中的独立个体，也是未来中国的中坚力量，社会责任和国家使命是其成长的动力。家庭是青少年生活的基本场所，影响孩子的身体、认知、品行等方面，家长要抓住孩子青春期成长的关键点，剖析崇拜行为的利弊，探究其中的心理因素、情感需求和心理取向，用正向的价值观念引导孩子的偶像崇拜行为。

（三）共同学习，促进发展

什么样的人才是英雄？什么样的人应该被崇拜？正向的偶像崇拜对人的身心发展有着积极的促进作用。在人生发展的“十字路口”，家长应转变教育思想，构建学习型家庭，以身作则。引导孩子在对偶像的观察中，发现正能量、高尚的品德和积极阳光的心态等，开阔孩子的视野，与孩子共同学习关于社会、关于人生的知识，让孩子把偶像单纯的崇拜升华为将其视为成长中的重要榜样。

（四）崇尚英雄，筑牢中国梦

岁月流转，掠过满天星斗。处于时代快速发展的背景下00后一代，对偶像没有了整齐划一的标准。从这一变化里我们感受到了时光的变迁，而这种改变也将偶像的内涵不断扩充，将“偶像”的外延不断发展。

袁隆平、屠呦呦、钟南山……这些闪亮的名字，代表着社会的贡献者。这些人民的英雄，被称为“共和国最闪亮的星”。他们是所有中国人的自豪，他们的科学精神是孩子积极向上的榜样，他们的奉献精神是孩子培养社会责任感的旗帜，他们的无私奉献为孩子传递着新时代的力量。作为家长应紧跟孩子发展的步伐，帮助孩子重新审视、重新塑造对偶像的定义和选择，在更广袤的世界里激励孩子跟随中国榜样的步伐，在强国筑梦的征程中积极发展自我，为未来做准备。

（五）崇德求知，增强文化自信

家长应有意识地教育孩子遵循社会道德、规范自身行为，培养孩子的实证意识；让孩子在感受美的过程中提升自己的审美标准，有目的地培养孩子的鉴赏能力，帮助孩子形成自律、健康的审美价值取向；让孩子在面对科学时拥有严谨的求知态度，能够理性分析事物，能够运用科学的思维方式，解决在社会、环境中遇到的问题并能够做出独立的判断。让孩子从微观的对个体偶像的崇拜发展为以宏观的视角欣赏中华民族优秀传统文化，形成对中华文明和社会主义先进文化的崇拜。

六、实践思考

（一）思考题

什么是价值观？

【参考答案】

价值观是人们关于什么是价值、怎样评判价值、如何创造价值等问题的根本观点。

（二）情境题

活动一：了解孩子的偶像。

◎孩子有偶像吗？　有□　　没有□

◎孩子最欣赏他（她）什么？

◎您认为什么样的人可以成为偶像？

活动二：词汇排序。

◎阅读以下词汇并按照看重程度排序。

和谐、帮助、权力、成就、尊重、自律、安全、独立、挑战、享乐

____

◎说一说为什么这样排序。

（三）案例分析题

阅读《青少年价值观教育调研结果显示——全民抗疫增进了青少年爱国主义情感》（可在“学习强国”平台、“中国教育”平台进行阅读），

完成后围绕疫情防控期间的榜样人物和社会责任进行交流，并将重点内容记录下来。

（四）亲子实践活动

◎尝试从社会责任和未来发展的角度引导孩子思考，经过讨论和交流，看看孩子是否会调整情境题活动二中的词汇顺序。

◎学习小结：在与孩子的交流过程中最触动您的是什么？通过对本专题的学习您有什么收获？

七、智慧分享

（一）学习资料

用文明指引追星行为——粉丝群体如何贡献正向价值

“让世界一同见证祖国的强大！”新中国70华诞，一群群年轻人，以网站、微博、贴吧为阵地，用图片、留言、话题等形式，为祖国欢呼。用时尚话语表达对祖国发展的由衷自豪，向世界介绍真实的中国，这些年轻人的真挚热情令人感动。

近年来，伴随着文化娱乐产业的发展和媒介渠道的拓宽，以青少年为主体的粉丝群体、粉丝文化现象受到人们的关注。从攒专辑、建贴吧到打广告、顶数据，粉丝群体不再满足于文化产品的单纯消费，而是深入参与到娱乐活动的策划传播中，成为“生产型消费者”。从观赏者到互动者再到“造星者”的转变，令粉丝群体得以在文化市场一展其才，也使粉丝活动走向线下。

需要指出的是，粉丝群体活动既有蓬勃向上的一面，也存在无序、失序乃至无视社会规范等现象。比如，不久前发生的粉丝“代拍”导致航班延误、公开售卖明星使用过的医疗用品等事件，折射出部分粉丝的非理性行为。而电影“锁场”、网络“控评”、互泼脏水等不良现象，不仅透支着明星的流量，更制约着行业的健康发展、侵害着流行文化的正向价值。个性追星，不可任性而为；社会规范失守，粉丝群体就可能失序。用文明指引追星行为，用理性涵养粉丝心态，才能激荡起粉丝群体的正能量。

粉丝不仅要保持“人人独善其身”的自觉，更要实现“人人相善其群”的格局。现实中，人们欣喜地看到，日益成熟的粉丝文化，在很大程度上纠正了粉丝个体的非理性追星行为。“谦逊、礼貌、谨言慎行、自律”等形象正在成为粉丝群体的主流。比如，开完演唱会后，粉丝们把座位上的垃圾清理完后才离开，很难再看到以往演唱会后垃圾遍地的现象。事实证明，粉丝的真情实感，只有合理合法、文明有序地表达，才能赢得他人的认可和尊重。同时，对个别违法失德行为“零容忍”，把规矩立起来，才能把社会规范的红线内化为心中的底线，让文明追星的行为始于自发、终于自觉。

面对数量动辄上百万、千万的粉丝群体，相关部门应善于抓住重点，突出精准引导。对文娱行业及相关企业的行为加强监管，防止粉丝被资本逻辑和商业模式裹挟；密切关注互联网平台的流量数据、社群舆情，以应对粉丝为偶像“打榜”“控评”的冲动；督促明星以身作则，为粉丝树立正面榜样；引导群主、版主等活跃粉丝发挥更积极作用……针对粉丝活动的关键环节、关键群体，有的放矢、精准施治，才能让庞大的粉丝群体稳健运营、秩序井然。

粉丝“抱团”是一个经济现象，也是一个文化现象。让粉丝群体活动在正确的轨道上，需要刚性制度，也需要温和疏导。2019年国庆档电影《我和我的祖国》以好故事的巨大“引力”，吸引粉丝通过现场观影、线上乐器接龙等方式为祖国点赞；一些明星投身留守儿童资助、图书馆援建等公益项目，大批粉丝参与其中……期待更多优秀的作品、优质的明星搭建起主流文化和粉丝群体的沟通桥梁，为文化市场注入更多创造力和正能量。

摘自《用文明指引追星行为——粉丝群体如何贡献正向价值》（有改动）

石羚，《人民日报》，2019-11-29

（二）推荐书目

1.《时代榜样》（陈约红，楼琳，晨光出版社）

《时代榜样》采用纪实文学的手法，忠实而又生动地刻画了新中国成立后，尤其是改革开放和社会主义现代化建设新时期、中国特色社会主义新时代涌现出的一批时代楷模和改革先锋的光辉形象。他们以高尚的信念，为了党和国家、为了人民抒写了生命的光辉和传奇。“世界杂交水稻之父”袁隆平、最美逆行者钟南山、乡村教师张桂梅……他们无私奉献感人至深的故事，他们身上闪现的伟大精神与高尚道德，能让当代少年儿童汲取榜样的力量，激发和增强爱国主义情操。

2.“中国梦·劳动美青少年劳动教育丛书”之《这就是工匠精神》（潘小娴编著；陈小庚主编，广东教育出版社）

“中国梦·劳动美青少年劳动教育丛书”（共3册），从劳模精神、劳动精神、工匠精神三种精神出发，与德育、智育、体育、美育相融合，讲述各行各业的劳动者们拼搏进取、不懈奋斗的感人事迹，促进青少年读者形成正确的世界观、人生观、价值观。本书选取二十位楷模人物，从人物故事、人物精神、人物语录，全方位展现劳动者面貌，以榜样的力量，引导读者牢固树立劳动最光荣、劳动最崇高、劳动最伟大、劳动最美丽的观念，让读者感受到精神力量，给人以启迪和激励。

参考文献

[1] 林崇德 . 中学生心理学 [M]. 北京：中国轻工业出版社，2013.

[2] 林崇德 . 发展心理学 [M]. 北京：人民教育出版社，1995.

[3] 中华人民共和国教育部 . 中小学心理健康教育指导纲要（2012 年修订）[M]. 北京：北京师范大学出版社，2013.

[4] 吴航 . 家庭教育学基础 [M]. 武汉：华中师范大学出版社，2010.

[5] 肖川 . 主体性道德人格教育 [M]. 北京：北京师范大学出版社，2002.

学习指导

启动学习“心”按钮——激发孩子学习动力

一、指导目标

（1）帮助家长认识学习动力和影响因素。

（2）探索孩子学习动力的最佳状态，培养孩子的学习兴趣。

（3）帮助家长激发孩子的学习动力，让孩子学会学习。

二、现状分析

学习动力就是学习动机的外在表现，直接影响学习效果。《中国中小学生学习能力发展报告》显示，学习动力主要来自对考试成绩的追逐，随着孩子年龄的增长，学习动力会减弱，学生的个人因素对学习动力的影响非常重要，缺乏学习动力会造成孩子学习无意义感，不能忍受学习的苦，对学习报以无所谓的态度。

初中是孩子思维、情感、人格和社会化发展的重要时期，孩子在这一阶段的学习能力对孩子的终身学习和全面发展有着重要的影响。当孩子对学习的状态是家长让做什么就做什么，自己不去思考为什么要学习、想要学什么，则会没有学习动力。我们要做的就是重新激发孩子的学习动力，从“要我学”到“我要学”，让孩子重新爱上学习。

从“学会”向“会学”转变是我国教育改革发展的必然趋势，随着科技的不断进步，未来所有人都要终身学习。为了让孩子适应时代的大环境，学校和家庭的一个重要任务就是培养孩子的学习力，激发孩子的学习动机。《国家中长期教育改革和发展规划纲要（2010—2020年）》专门提出了要培养学生的“学习能力”。学习动机归因理论认为个人成败可以归因为个人能力、努力程度、工作难度、运气好坏等。如果把自己的学习结果归结为外部原因，那么就不会激发孩子的内部动力；如果归结为内部原因，则有利于激发内部动机，激发孩子的学习动力。阿特金森成就动机理论认为，学习动力是由学习成就需要、自己对学习的期望和取得学业成绩的诱因三者共同决定的，动机是由自己的期望决定的。科温顿的自我价值感理论认为，自我价值感是学生追求学业成功的内在动力。马斯洛的需要层次理论告诉我们，激发动机就是促使孩子向更高的需要发展，求知和理解世界的需要越强烈，孩子学习的动机也就越强烈。孩子对学习的态度决定了孩子的学习动力，由此可见，个人因素起着决定性作用。

三、故事聚焦

学习可以像游戏一样有趣

苏楠，12 岁男孩，在经历了初中第一次期中考试后走入了咨询室。苏楠说，自己小学的时候不用努力，成绩也不错，那个时候老师每天都会重复那些知识，自己比较聪明就都记住了，但是初中阶段学习的科目变多了，内容也变难了，自己总是学不明白，就开始有点“习得性无助”，感觉自己不知道该做些什么，很迷茫，便沉迷于打游戏，觉得游戏比学习有意思得多，在游戏中自己总是能做得很好，觉得以后自己可以成为职业电竞选手，觉得学习太没意思了。苏楠说：“我考得好，我妈开心，我妈只要开心了，我们全家就都开心了，但是我一点儿也不开心，学习就是为了哄她开心，但是这次考得不好，她不开心了。而且我考不好我妈就会说我是废物，说我脑袋笨，那么简单都考不好，爸爸就在一旁默默地听，也不敢插话。”

苏楠是典型的没有学习动力的孩子，他觉得学习是给家长学的，在学习的过程中没有找到乐趣。但是他提到了喜欢玩游戏，心理老师决定从游戏入手帮助苏楠激发学习动力。游戏之所以有趣是因为可以刺激大脑的奖励中枢，促进多巴胺分泌，让玩家一直玩下去。游戏会让人产生紧张、快乐、自豪、满足、专注等感受，学习如果也能带给孩子这种感受，在孩子表现好的时候给予正面积极的反馈，就能鼓励孩子一直学下去，进而找到学习的乐趣。心理老师认为，这里应设置让他完成的任务是“跳一跳”就能够到的任务，也就是在“最近发展区”的任务，这样的任务比较容易完成，不会让苏楠有过多的挫败感。

心理老师联系相关的任课老师和苏楠的家长，先在苏楠的“最近发展区”为他设定学科任务，以帮助苏楠重拾学习的自信心。同时让老师和家长及时鼓励苏楠，在苏楠的学习过程中帮助他制定目标，目标要具体、可以执行，当完成一个小目标时，家长和老师及时给予鼓励和肯定，让苏楠向下一个目标继续努力。慢慢地，苏楠重拾了学习的热情，在期末考试中取得了不错的成绩，非常开心，也找到了学习的乐趣。

这就是将“最近发展区”的机制应用到学习上，激发孩子的学习动力的典型案例。作为家长和老师不应谈游戏色变，而是要更多地了解孩子，明白孩子的需求。

四、剖析根源

（一）家庭沟通模式不良

经过和苏楠及其家长的沟通发现，苏楠家庭的互动模式主要是指责型，苏楠常采用讨好的方式与妈妈进行沟通，妈妈在家庭中拥有绝对的话语权，爸爸属于打岔型，不良的家庭沟通模式造成亲子关系疏离。所以孩子遇到困难时没有和父母沟通而是向老师求助。

（二）学业习得性无助

案例中的苏楠在初中经历了考试失败，觉得自己改变不了现状，对学业有一些无力感。学业习得性无助是因为孩子由于一直经历着学习的否定反馈，对学习形成了不良的条件反射，最终导致学习成绩不佳。

习得性无助一词来源于积极心理学家塞利格曼的实验，实验中他将一只小狗放在铁笼子中，蜂鸣器一响就会对小狗进行电击，最开始小狗疯狂躲避，但是后来发现根本逃不出去，就开始放弃躲避，后来即使打开笼门，小狗也不躲避，只是被动接受被电击的命运。

习得性无助与幼年时期不恰当的教养方式有关系，孩子在经历失败时，总是得不到父母的鼓励，只会受到指责，比如案例中苏楠的妈妈会用“废物”“笨”等词语责骂苏楠，孩子就会产生强烈的挫败感。又或者有的父母过分溺爱孩子，当孩子需要完成一件事情时，家长便会包办，不让孩子亲自操作，从而让孩子产生“我什么也做不好”这种错觉。

（三）学习目标设置不恰当

案例中苏楠没有目标，对于他而言学习只是为了有个好分数让妈妈开心。有的时候，父母经常对孩子说这样的话——“你的目标是考上好高中，上好大学，找一份好工作”，但是对孩子而言，他们的思维水平还处于形式运算阶段，对过分抽象的未来并不能很明确感知到，对他们来说，大学、工作都非常遥远，这样的学习目标难以让他们坚持，他们也不知道自己和目标之间的差距，想要努力也没有方向。

有的时候为孩子设置的目标太遥远、太宏大，孩子是难以坚持的，而且他们会认为目标是家长设置的，和自己关系不大，因而不愿意执行。

（四）学习风格不适用

每一个孩子的学习风格不一样，有的家长会问“为什么我家孩子坐不住，别人家孩子就能很专注呢？”“为什么我家孩子做事情拖拖拉拉、磨磨蹭蹭？”“为什么我家孩子总是喜欢拆东西？”等等。每一个孩子认知事物、理解世界的方式是不一样的，如果要求一个喜欢安静地深入思考的孩子，必须进行快速抢答式学习，这对孩子是一种很大的磨难，如果总是如此，孩子则会体会到深深的挫败感，对学习产生厌烦心理，更不会有学习的动力。老师和家长要了解孩子的学习风格，并选择适合孩子学习风格的学习方式，而不是听到一些分享经验之后直接套用在自己的孩子身上，要记住，只有适合的才是最好的。

五、指导策略

（一）调整家庭沟通模式

从苏楠的案例可以看出，妈妈对苏楠的成绩要求很高，苏楠压力很大，对学习产生了抵触情绪。妈妈因为成绩原因指责孩子，孩子压力变得更大。爸爸只是冷眼旁观，不参与孩子的教育，夫妻间还会因为这个问题产生矛盾。所以，要调整家庭沟通模式，父母对孩子的教育观念要一致，而且要以平等、尊重的态度去和孩子沟通，走进孩子的内心。

（二）克服习得性无助

马斯洛的需要层次理论认为，每个人都有被尊重的需要，当孩子对学业有习得性无助感时，作为家长要及时鼓励孩子、尊重孩子，使用恰当的评价语言。比如评价孩子的行为表现时，家长要根据孩子的真实表现，找到值得表扬的方面来适度鼓励孩子，过分唠叨和没有具体事例的表扬，对提高孩子的价值感作用不大。内在价值感低的孩子更容易习得性无助，案例中苏楠的妈妈总会打击孩子，这就是不合适的。家长要帮助孩子认同自己存在的意义，提高孩子的自信心。家长要鼓励孩子多使用内部归因，对于失败的归因是自己不够努力，只要不断努力下一次会有成功的机会的。

（三）科学设置学习目标

孩子的学习目标要定在"最近发展区"，而且一定要征得孩子同意，共同完成制定才科学合理。苏楠的案例中，学习目标的设置要采用游戏的形式，并应该是努力一下可以达到的。适当、合理的目标能够提高学习动机，使学习充满动力，帮助孩子设定合理的学习目标和计划。"最近发展区"的概念是由维果茨基提出的，指孩子现有水平和未来可能的发展水平之间的区域，是孩子"跳一跳"能够达到的区域。

制定的目标可以遵循SMART原则，即目标必须是具体的（Specific）、目标必须是可以衡量的（Measurable）、目标必须是可以达到的（Attainable）、目标必须和其他目标具有相关性（Relevant）、目标必须有截止时间（Time-bound）。比如，在学期初制定数学的学习目标，截止到期中考试，孩子数学的薄弱点是计算容易出错，因此制定学习目标为每天完成20道口算题目，正确率要达到95%以上。这就是一个具体的、科学的目标。

（四）找到适合的学习风格

家长要了解孩子的学习风格，因材施教。有的孩子擅长听，擅长通过听故事而不是通过阅读的方式学习；有的孩子适合看，能快速浏览很多信息；有的孩子适合动手操作，尤其是一些运动，学得非常快。这是三种学习风格，分别是听觉型、视觉型（阅读型）、动觉型。如果一个孩子是听觉型学习者，那么要求他在闹市中学习，对孩子而言是非常痛苦的，家长可能还觉得这个孩子注意力不集中，有时会对孩子进行指责，这样做的结果只会让孩子讨厌学习。因此，家长要了解孩子的学习风格，帮助孩子找到适合自己的学习方式。

如果父母能够熟练掌握以上激励机制，并结合家庭实际情况运用，那么很有可能会培养出独立自主且学习动力满满的孩子。

六、实践思考

（一）思考题

学习风格有哪些?

【参考答案】

学习风格有视觉型（阅读型）、听觉型和动觉型三种。

（二）情境题

小雨的数学成绩总是不好，家长觉得小雨没有学习数学的天赋，家长的想法对吗?

【参考答案】

家长的想法不对，小雨不是没有数学天赋，可能只是还没有找到适合的学习方法。

（三）案例分析题

小明是一名初一的学生，从小英语成绩就不是很好，父母对小明的教养方式比较简单粗暴，考不好就是一顿打骂，经常批评小明“笨蛋，那么简单的单词都背不下来”，小明觉得反正英语也学不会，干脆就放弃吧！小明对英语学习产生了深深的无力感。作为一名懂家庭教育的老师，您可能会为小明的家长提供什么建议？

【参考答案】

（1）改变家庭沟通模式，不能简单粗暴地打骂孩子，要尊重孩子。

（2）防止小明学业习得性无助，制订适合的学习目标。

（3）帮助小明找到适合的学习方法。

（四）亲子实践活动

除了三种学习风格，还有三种认知风格，分别是冲动 - 沉思型、场独立 - 场依存型和同时 - 继时型，每种认知风格都没有好坏之分，只是对知识理解和加工的方式不同，父母要尊重孩子的成长发展规律，适当引导，允许孩子自己成长，不代替孩子成长。

请家长和孩子一起查阅资料了解学习风格和认知风格，并根据学习风格和认知风格帮助孩子找到适合自己的学习方式。

【参考资料】

（1）冲动 - 沉思型：冲动型孩子给人反应快、聪明的感觉，沉思型孩子可能会让人觉得其悟性不强，但是两种认知风格与孩子的智力无关，只是反应速度不同。

（2）场独立 - 场依存型：更多依靠外界环境感受世界的是场依存型，更多依赖内部参照感受世界的是场独立型。

（3）同时 - 继时型：同时型认知风格在解决问题时采用宽视野方式，同时考虑多种假设，继时型提出的假设有明显的先后顺序，两种类型没有优劣之分。

七、智慧分享

（一）学习资料

孩子是如何一步步丧失学习动力的

很多家长会说：“我也知道要让孩子快乐学习，但一开始他们就不喜欢学习，那我有什么办法呢？”其实，孩子最初几乎对所有事物都有好奇心，而兴趣能否持续，更多取决于父母的引导方式。错误的方式很容易让孩子失去兴趣和动力。以下就是四种最容易打击孩子学习动力的方式。

（1）过于枯燥，缺乏趣味。如，要求年幼的孩子像成人一样，坐好认认真真地听讲。

（2）过于急迫，缺乏饥饿感。如，孩子没兴趣，父母迫不及待地为孩子选择学习项目。

（3）过于功利，错误认知。如，过早地把学习和孩子未来的成就、成功结合到一起。

（4）错误实施奖励或惩罚。如，奖励了孩子本应做好的事情，而惩罚了孩子做不到的事情。

摘自《我国中小学生学习动力与学习策略的现状与对策》（有改动）

中国教育科学研究院课题组，《课程·教材·教法》，2016（3）

（二）推荐书目

1.《点燃孩子的学习动力：关于儿童学习兴趣的真相》（托德老师，机械工业出版社）

大道至简，要想成为一个善于学习的人，有两个关键因素：第一，学习动力；第二，学习能力。

“学霸”就是那些学习动力充足而且善于学习的人。所以，从宏观的层面来说，搞定学习这件事情只需要从两个方面入手——点燃学习动力，提升学习能力！

学习动力和学习能力看起来是两件事情，但本质是紧密关联的。当一个孩子有足够的学习动力以后，他会主动提升自己的学习能力；而当他因为学习能力的提高获得了积极的反馈和好的成绩后，又会反过来进一步提升他的学习动力。两者属于互相促进、相辅相成的关系。

我们一般认为：年龄越小的孩子，因为大脑中负责情绪部分的区域的控制占主导地位，我们越应该把重点放在对他学习动力和学习兴趣的培养上；而随着年龄的增加，孩子大脑的理性思维能力逐步增强，我们就可以慢慢地把重点转移到对他学习方法和学习技能的培养上。

学习动力和学习能力的关系就像左脑和右脑的关系一样，两者组成了我们的“学习脑”，一方掌控着源源不断的能量输出，另外一方掌握着各种巧妙的技法。两者合一，相互配合，“学习脑”就会变得十分强大。比如，埃隆·马斯克就是一个拥有强大的“学习脑”的人。每次他遇到工作中自己不懂的领域时，一般不是全部委托给专业人士，而是花 7—10 天自己把这个学科学习一遍，有时候他的见解能快速地超过这一方面的专家。美国前总统乔治·H.W. 布什，在任期间还能保持一年阅读 95 本图书的学习强度。这都是因为，他们将“学习脑”的两个部分，都训练得很强大。

2.《原来孩子这样学习会上瘾》（〔日〕菊池洋匡，〔日〕秦一生，湖南文艺出版社）

让孩子爱上学习，是需要“技巧”的。完美主义的家长，把外在的学习动机强加到孩子身上，这样不仅无法激发出孩子的内在学习动机，还会触发孩子的抵触心理。让孩子爱上学习的技巧已经得到了科学证实，而且任何人都可以复制，这便是源自动机心理学的 ARCS 学习欲望模型。Attention（注意力）为让孩子对学习产生“心动” 的感觉的注意力动机模型，通过教学设计来吸引和维持孩子的注意力，包括感官吸引、问题探究、多变的方法等。Reason（理由）为让孩子感受到学习的“价值”的原因动机模型，要与孩子的知识背景、个人需求和生活经验联系起来。因为与自己切身相关的事物，更容易引发关注，包括链接熟悉事物、目标引导动机、配合学习者特性等。Confidence（自信）为让孩子感觉到 “我也能行”的信心动机模型，通过各种方式来增强孩子的学习信心，维持孩子对成功的渴望，包括明确成功标准与期待、提供自我掌控的机会、提供成功的机会等。Satisfaction（满足感）为让孩子感受到“学习真好”的满意动机模型，让孩子感受到学习的价值、学习的快乐，让他们在学习中获得满足。包括提供表现机会、提供回馈与报偿、维持公平等。 当孩子爱上学习，并不顾一切埋头其中的时候，才能最大限度地发挥出他的潜能。这本书就为家长介绍让孩子爱上学习的科学技巧。只要父母懂得用对方法，每个孩子都能找回内在的学习动力。只要您按照这本书中的方法去实施，相信您的孩子一定会给您带来惊喜！

参考文献

[1] 托德老师 . 点燃孩子的学习动力：关于儿童学习兴趣的真相 [M]. 北京：机械工业出版社，2020.

[2] 菊池洋匡，秦一生 . 原来孩子这样学习会上瘾 [M]. 郭勇，译 . 长沙：湖南文艺出版社，2021.

[3] 刘洁 . 学习无意义感滋长，如何激发孩子学习动力 [J]. 教育家，2021（26）：10-13.

[4] 中国教育科学研究院课题组 . 我国中小学生学习动力与学习策略的现状与对策 [J]. 课程 · 教材 · 教法，2016，36（3）：78-85，77.

时间管理

管理时间防拖延——帮助孩子进行时间管理

一、指导目标

（1）帮助家长提升孩子的时间管理意识，了解拖延的表现及成因。

（2）帮助家长分析孩子的拖延问题，指导孩子进行时间管理。

（3）帮助家长树立指导孩子做好时间管理的信心。

二、现状分析

孩子在成长过程中，面临着一系列的学习任务和心理发展任务。升入初中以后，随着学业任务的加重，以及自我意识的发展，他们需要不断发展自我以适应成长变化。在这个过程中，时间管理问题成为他们需要面对的一个重要挑战。时间管理是指通过事先规划和运用一定的技巧、方法与工具实现对时间的灵活以及有效运用，从而实现个人或组织的既定目标的过程。

在教育研究和实践中，我们发现，影响青少年时间管理的一个重要因素是拖延。相比青少年成长中阶段性的各种“小”问题，拖延是一个影响面广、作用时间长的“大”问题。拖延不仅影响学生的学习效果，容易引发焦虑等负面情绪，还会降低学生的自我效能感，形成“拖延——焦虑——任务难以完成——焦虑——拖延”的恶性循环。学生时代出现的早期拖延问题，如果得不到及时、有效地处理，容易成为伴随一生的习惯，影响未来的工作和生活。

青少年在学校遵循着相对一致的科目课程学习进度。学习任务都有较为明确、统一的安排。个性化学习和安排往往是在放学后和假期中进行的，这段时间的任务和完成进度由学生自主安排，家长也会在孩子身边陪伴。此时如果用心观察，家长很容易便能发现孩子的时间管理水平以及是否存在问题，也能对症下药，帮助孩子防范拖延行为，科学地管理时间。在孩子时间管理的问题上，家庭具有教育优势，家长能够发挥重要的作用。

科学地时间管理，有助于青少年提升学业水平，降低学习压力，提高学习适应性，维护身心平衡，提升自我效能感。合理分配和使用时间，也符合中国学生发展六大核心素养中自主发展的要求。帮助孩子进行时间管理，应当成为家庭教育的一个重要内容。

三、故事聚焦

小明的一天

小明是一名七年级的男生。他从小爱好广泛，灵活并善变。升入中学之后，科目变多，难度加大，作业也比小学更多。一向游刃有余的小明有点手忙脚乱了。就拿这个周末来举例。

老师布置的周末学习任务有：

（1）数学练习册 10 道作业题（预计用时 40 分钟）；

（2）作文 1 篇（预计用时 90 分钟）；

（3）背诵英语一个单元的单词（预计用时 45 分钟）。

小明的周六是这样度过的。

时段一：周六 10：00—12：30

（10：00）前一晚在电脑游戏里“放飞自我”的小明被妈妈从被窝里拽了出来。在简单洗漱、吃早餐后，小明很不情愿地在妈妈一遍遍的催促下，懒洋洋地回到了自己的房间，准备写作业。

（10：30）他先是看着乱糟糟的桌面，发了一会呆。之后，在书桌上扒拉出一块“空地”，从书包里翻出数学练习册，开始写作业题。刚刚写到第 3 题，需要用三角板，却发现三角板不见了。他开始翻书包，翻了好一会儿，终于在书堆里找到了。

（11：00）继续写题。

（11：30）爸爸从市场买回来一个大西瓜。妈妈切了几角，送到了小明房间。小明吃了两块，出去洗了手，在客厅里晃荡了两圈。之后，继续写题。

（12：30）小明终于把10道数学题写完了。

时段二：周六12：30—14：00

午休。

时段三：周六14：00—18：00

（14：00）小明再一次坐在了书桌前，他想：英语老师让背的是哪一单元的单词呢？于是，他用微信联系同学小林，问作业。两个人你一言我一语，又说了一些班里的事儿。直到妈妈过来催促，才恋恋不舍地停止聊天。

（14：30）小明开始背单词。背诵过程中，小明总走神儿，想着刚才没聊完的话题。又过了一会儿，小明见有几个单词读音拿不准，便开始用手机查读音。查完读音，他又顺手翻了翻微信朋友圈。

（15：15）爸爸进来送水，看见小明在看手机，一下子愤怒了。小明觉得很委屈，跟爸爸争辩起来。“战斗”过后，小明的情绪久久不能平静。自己坐在书桌前生闷气，时间在一点点流逝。

（17：00）小明继续艰难而低效率地背着单词，他感觉自己好累呀！

（18：00）小明终于背完了单词。他想，明天还有最让他烦恼的作文呢！那将是更艰难的一天。

四、剖析根源

小明的表现在学生群体中并不少见。面对有限的作业，小明一直在写却总也写不完。他所做的事情，看似每件都与学习有关，却影响着学习效率。

这是典型的没能做好时间管理的体现，其核心症状是拖延。

拖延是指把时间延长，不迅速完成任务。拖延使目标任务在期限内无法完成，或者目标任务在最后期限内才刚刚启动。

心理学家斯蒂尔提出拖延最有可能的四个成因为：对成功自信不足；讨厌被人委派任务；注意力分散和易冲动；目标和酬劳太过遥远。

结合实际，我们认为造成孩子拖延的因素主要有以下几点。

（一）为失败找借口

有些孩子担心自己不能胜任某一学习任务或害怕考试失败时，会下意识地设计一些“障碍”阻止自己成功，以此来达成自我保护的目的。这在心理学上称为自我设阻。比如：临近考试，有的学生会找各种理由去做学习以外的事，当考试成绩不理想，就将失利归咎于没有时间复习，而非自身努力不够。还有一些学生成功地在最后期限完成了任务，他们会很骄傲地表示：看我多厉害！这些情况都因拖延而得利，满足了其自尊需要。

（二）完美主义倾向

有的孩子有完美主义倾向，对自己要求过高，对任务完成的结果也期待甚高。当自己有过高期待又难以达成时，就容易出现一拖再拖，迟迟不肯着手的现象。这些孩子总希望在有足够把握，能做得完美无瑕后再开始，结果就是总不开始行动。不完美、不顺利是常态。苛求完美，求之不得，反而举步维艰。过高的目标不利于任务的完成。

（三）对抗权威

随着孩子们进入青春期，他们的自我意识不断发展，开始反抗成人，争取权利。由于每个孩子的自身性格、家庭特点、亲子互动模式各不同，有的孩子叛逆得明显一些，有的则隐蔽一些，程度也不一样。

有些孩子在家庭中不敢或不愿直接表达与父母不同的意见，就会通过“拖延”这种“软抵抗”的方式来表达自己的态度。案例中小明赖在床上不起和与爸爸斗气所引发的拖延，就是基于内心的不满。

（四）注意力不足

注意力不足是孩子拖延问题的最常见归因，但很多时候，注意力不集中只是表象，深层原因仍与前三点有关。当然，还有些孩子确实存在注意力不佳的问题，这与先天的脾气秉性有关，也与后天的习惯养成、性格培养相关。一些家庭成员也可能曾经无意间对孩子注意力分散的现象推波助澜。比如：在孩子完成任务时，家长一会送水，一会让吃水果，或是不断提出建议，无意中分散了孩子的注意力，久而久之，习惯成自然。

以上成因只是基于理论研究和实践经验的探索。拖延问题作为一种心理行为问题，它的成因是复杂的，还有许多值得进一步探讨的地方。不过，只要不断观察、不断了解、不断思考，我们就能够更好地帮助孩子防范拖延，进行有效的时间管理。

五、指导策略

管理时间就像“治水”。家长帮助孩子做好时间管理，要做到“开源”与“节流”兼顾。拖延问题严重影响着学生们的有效时间管理，防范拖延恰恰是时间管理的一种重要“节流”方式。

当然，做好时间管理还有着更为多样的策略。结合案例故事，我们从以下四个方面提供一些时间管理策略。

（一）拖延密码快破译

帮助孩子对抗拖延问题，首先要做到的就是亲子间统一思想。只有帮助孩子认识到拖延的危害，建立起防范和应对拖延的态度，避免拖延得利的观点和结果，才能更好地防范和减少拖延行为。

孩子借拖延为失败寻找借口，大多是无意的。帮助他们建立起应对和承受挫折的能力，以及接纳不完美的态度，看到并肯定孩子追求好的结果的愿望，都有助于缓解为避免失败而带来的拖延问题。

对于声称“最后时刻往往能提高效率”的孩子，家长可以帮助他们认识到，应激状态有时是会激发比较大的动力，但是人常常处于应激状态，是弊大于利的。高压力和高焦虑，容易对身心健康造成伤害，缓解拖延，要从改变不理性的认识开始。

教师建议家长要看到孩子拖延表象背后的深层次心理需求，满足孩子自尊的需要和自主的愿望，与孩子进行有效沟通，协助孩子走出拖延的泥沼。同时，在孩子完成任务的过程中，要避免过多打搅，帮助学生养成全神贯注的良好习惯。

（二）轻重缓急有计划

有效的时间管理，离不开合理的计划。合理的计划使得学生在完成任务的过程中，能有条理地做好前期准备、按部就班地实施任务。案例故事中的小明在完成周末的学习任务时，就缺乏计划，“胡子眉毛一把抓”，浪费了不少时间。

教师要建议家长，在指导孩子在开启任务之初，即对要完成的任务进行有效梳理，正所谓“磨刀不误砍柴工”；在进行多项任务的时候，可以参照时间管理的四象限法则，做好轻重缓急的安排。案例故事中的小明如果能预先建立一个有效的日程计划，这一天就会过得大有不同。他可以将周末要完成的任务按照优先级进行排序，估计好每一项工作的用时，对必须要做的事情做到心中有数。在开始学习任务前，就将所有作业和需要的文具准备好，一旦任务开启，即按照计划进行。

此外，孩子们的生活或学习计划还要尽量做到清晰、具体、可操作、有弹性，同时注意劳逸结合。家长可以参照目标制定的SMART原则，指导孩子科学地制订计划。

（三）零散时间巧利用

案例故事中小明的周末时光是比较完整的时间段，高效利用这些时间段需要尽量减少无关事情导致的分心，尽量维护时间段的完整性。在学生平时的生活中，还有一些时间是碎片化的零散时间。荀子《劝学》中道：“不积跬步，无以至千里；不积小流，无以成江海。”零散时间的有效利用，是时间管理的又一重要内容。

家长可以指导孩子利用零散时间完成一些小项目。比如，在等车、等待上课的时候背几个单词。也可以将简单任务进行整合。比如，边散步边对作文进行构思，利用早上洗漱的时间思考一天的计划安排，等等。当然，零散时间的有效利用不一定只针对学习层面，跑步的时候听听歌，等候的时间跟朋友聊聊天，都是对零散时间的珍惜。

（四）严爱相随会监督

无论是计划的落实，还是拖延问题的纠正，都需要有效的监督。中学生身心发展尚不成熟，自我控制管理能力有限。家长适当的监督有助于他们形成良好行为，纠正不良习惯。

不过，需要注意的是，初中生正处于逆反时期，家长要注意监督方式和表达技巧。教师应指导家长与孩子同向同行而不对立。家长对孩子的管理要求是基于爱的，这种爱需要有所表达。因此，在对孩子进行监督前，家长有必要与孩子就监督的目的和要监督的内容进行沟通和约定，达成一致。案例故事中，小明和妈妈如果提前对起床的时间、一日生活计划、学习的任务和要求等达成共识，那么在家长进行监督时孩子就更容易接受，还会感受到家长的支持和爱护。

六、实践思考

（一）思考题

识别拖延是帮助孩子有效应对拖延的第一步。请您结合孩子学习和生活中的常见现象，思考哪些表现属于“拖延”？判断依据是什么？

【参考答案】

本题为开放性题目。例如：不到规定的最后期限，不开始写作业；白天可以做完的事，总是拖延到晚上做；学习时经常吃东西或做无关的事；等等。判断依据参照拖延的定义。

（二）情境题

林林升入初中后，他的努力程度并没有变化，但学习成绩却明显下滑。最近，他不到最后期限，绝不开始写作业。做作业也常因时间紧迫而草草了事，完成质量较差。

如果您是林林的家长，您对林林的当下表现有什么感受？您会怎么帮助他呢？

【参考答案】

林林的拖延很可能与没能适应初中的学习变化，成绩有所下滑有关。

其本质是畏难回避、害怕失败。家长可以从帮林林分析和正视拖延原因入手，给予孩子理解和支持，帮助孩子增强自信，利用前文提到的时间管理方法对孩子进行帮扶。

（三）案例分析题

请您根据孩子在日常学习和生活中出现的时间管理问题，进行成因分析，并尝试提出解决方法。

【参考答案】

本题为开放性题目。结合孩子实际，从帮助孩子分析原因、合理制定计划、巧用零散时间、做好辅助监督等角度作答。

（四）亲子实践活动

制定一日生活清单

请结合故事聚焦中小明一日要完成的任务，帮助他制定一日生活清单。任务尽量具体，注意轻重缓急和劳逸结合。对重点要说明的部分，可以进行备注。该清单建议由孩子先进行初步设计，之后由亲子共同完善。

学习任务：

（1）数学练习册 10 道作业题（预计用时 40 分钟）；

（2）背诵英语一个单元的单词（预计用时 45 分钟）。

休闲任务：

（1）和朋友一起打篮球（预计用时 2 小时）；

（2）看电视或抖音小视频（预计用时 0.5 小时）；

（3）和朋友聊天（预计用时 0.5 小时）。

劳动任务：

帮妈妈做家务（预计用时 1 个小时）。

一日生活清单

时间	具体任务	预期效果或注意事项

七、智慧分享

（一）学习资料

时间管理方法——四象限法则

四象限法则是时间管理理论的一个重要观念，它把要做的事情按照紧急、不紧急、重要、不重要的排列组合分成四个象限。

第一象限包含的是一些紧急而重要的事情，这一类的事情具有时间的紧迫性和影响的重要性，无法回避也不能拖延，必须首先处理，优先解决。

第二象限包含的事件是那些紧急但不重要的事情，这些事情很紧急但并不重要。这些不重要的事件往往因为紧急，会占用很多宝贵的时间。

第三象限的事件大多是些琐碎的杂事，没有时间的紧迫性，没有任何的重要性。

第四象限不同于第一象限，这一象限的事件不具有时间上的紧迫性，但是具有重大的影响，具有重要的意义。

第一象限的事件“马上做”。如果总是有紧急又重要的事情要做，说明在时间管理上存在问题，应设法减少它。

第二象限的事件“授权做”。对紧急但不重要的事情的处理原则是授权，让别人去做。

第三象限的事件“减少做”。不重要也不紧急的事情尽量少做。

第四象限的事件“计划做”。尽可能把时间花在重要但不紧急的事情上，这样才能减少第一象限的工作量。

摘自 360 百科（有改动）

（二）推荐书目

1.《初中 3 年，最高效的 7 种时间管理方式》（方舟，朝华出版社）

时间管理是我们一生的重要功课。方舟主编的《初中 3 年，最高效的 7 种时间管理方式》是一部为中学生量身定制的时间管理秘籍。《初中 3 年，最高效的 7 种时间管理方式》旨在教会学生如何成功掌控课堂 45 分钟、放学后、双休日、寒假、暑假、自习课、课间 10 分钟这 7 个最为关键的时间段，推荐学生阅读本书。

2.《掌控 24 小时：让你效率倍增的时间管理术》（尹慕言，人民邮电出版社）

时间管理的好坏，不仅仅在于是否掌握了先进的时间管理方法，更重要的是有没有重塑内在的心智模式。时间管理的本质，其实是打破自我认知遮蔽，唤醒时间，习得成长型思维，不断践行终身成长的理念。当然，我们要想真正走进自己的内在，重塑心智模式，必须直面价值观的探索，学会与自我、与智能、与时代对话和相处。本书以一天 24 小时的不同时段、不同场景为时间管理的切入口，阐述了在每个时间段对应的场景中，如何破除认知遮蔽，建立正确观念，以获得成长与突破。事实上，一天 24 小时只是一个隐喻，书中所探寻的路径，是我们每个人一生的功课。推荐家长阅读本书。

心理健康

心有韧性抗挫折——增强孩子的耐挫力

一、指导目标

（1）指导家长了解心理韧性及其对孩子成长的意义。

（2）帮助家长了解孩子拥有的心理韧性品质和需要提升的心理韧性品质。

（3）为家长提供与孩子共同学习增强心理韧性的方法，提高抗逆力、耐挫力，保护身心健康。

二、现状分析

心理学家在研究个体面临逆境时的应激心理反应时，形成了一个新的研究领域——心理韧性。心理韧性指个人面对生活逆境、创伤、悲剧、威胁或其他生活重大压力时的良好适应能力，意味着面对生活压力和挫折的反弹能力，也被称为心理弹性、复原力和抗逆力。

初中生情绪波动较大，容易在压力挫折情境下产生消极情绪。初中阶段的孩子抽象逻辑思维发展迅速，思维方式呈现出两个突出特点：一是思维方式摆脱了具体内容的束缚；二是假设-演绎推理能力得到了发展。初中生可以经过自己的思考，在理解的基础上进行自我探索。虽然思维的独立性和批判性显著发展，但也存在思维方式片面或只关注表面的情况。

身心的飞速发展为青少年带来了成长的快乐，但他们也因此经受着巨大变化带来的动荡。青春期的孩子情绪强烈而起伏，学习任务复杂而多样、社会性交往增加而导致的人际交往问题、考试焦虑、厌学等成长中的烦恼不断增加，极易产生心理问题。此时需要家长运用有效的心理策略指导青少年提高面对困难和挫折时解决问题的能力，培养积极的心理品质。

教育部在2012年修订的《中小学心理健康教育指导纲要》中对初中年级提出应“逐步适应生活和社会的各种变化，着重培养应对失败和挫折的能力”。

三、故事聚焦

武大校长“隔空喊话”初中生

“没有一个冬天不会过去，没有一个春天不会到来。虽然这场‘战疫’还没有结束，但是我相信，在你的母亲和全体医护人员的共同努力下，我们终将取得胜利。疫情过后，欢迎你们全家来美丽的东湖之畔做客。希望你刻苦学习，几年后能够如愿‘常驻’珞珈山，我们在这里等你。加油！”

2020年2月，中国科学院院士、武汉大学校长窦贤康的一封信在网络上火了起来。收信人是安徽省合肥市初中生小然。一个院士、大学校长，为何向一名普通的中学生“隔空喊话”，并发出盛情邀请呢？事情要从一个网络热门视频和一个温暖的背影说起。

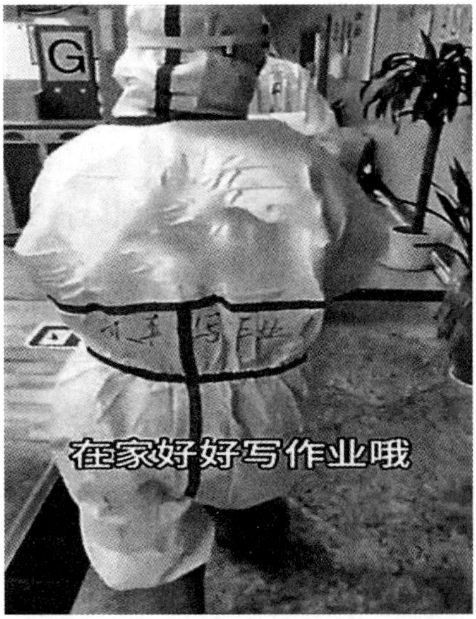

照片中的这位主角是合肥京东方医院神经COE（卓越中心）护理主管，在新型冠状病毒肺炎疫情（简称疫情）发生后，她被抽调支援医院发热病区。2020年2月9日，她作为安徽省第三批支援湖北医疗队成员出征武汉。她的女儿今年12岁，刚刚上初中一年级，记得她临行前的那个早上，女儿不肯见她，躲在被窝里一直哭着说："妈妈是我一个人的妈妈……"这撕心裂肺的啜泣，成为这位妈妈的牵挂。

2020年2月28日，得知武汉大学校长窦贤康给自己的女儿写了信，她非常感动。"我只是一个普通的医者，治病救人是职责，初心只是想为武汉人民做点什么，没有那么伟大。"妈妈去武汉后，平时情感表达内敛的小然写了一篇题为《感动·珍惜·我们在一起》的作文，她写道："我也不想给妈妈增添更多的负担，因为她已经够累了。我要做的是在晚上那短短的几句话的时间里让她开心一点、劳累减少一点……哪怕是一丝一毫，我的愿望就达成了。"

小然常常怀念妈妈陪伴在身边，帮自己检查作业，督促自己好好学习的那些"鸡飞狗跳"的日子。她感慨地写道："那些父母走在抗疫最前线的孩子们，或许和我一样，直到现在才发现父母陪伴在身边的日子有多好！现在这些已经成为'奢望'。我们现在要做的就是在家待着，绝不出门。这一点一滴的力量拧成一股绳，一定能打败病毒，让那些英雄早点凯旋。"

已对文章中的人物隐去原名

四、剖析根源

中学生小然的母亲是安徽省第三批支援湖北医疗队成员，因为不在孩子身边，她在防护服上写下了督促孩子好好学习的话。用她的话说，"一谈到学习，母慈子孝就变成鸡飞狗跳"。现在因为工作原因无法在小然的身边陪伴，就把对女儿的要求写在了自己的防护服上。

由于初中生生活的圈子比较单一，生活内容也比较有局限性。他们不像高中生面临高考，学业更加紧张、复杂，不像大学生可能需要在新的城市、陌生的学习环境中面临环境适应与角色转换，没有成年人来自工作、生活和社会的复合型压力。但由于身心发展还不成熟，在学习、人际交往和生活实践中还不能完全胜任，应对各种问题、解决困难的有效方法较少，容易受到挫折，无法将这些消极因素转化为积极因素，甚至感觉缺失安全感。有研究表明初中生的心理困惑往往和他们经历过的心理压力有关。

初中生的压力来源范围比较小，其中学业压力、人际交往压力、家庭变故比较集中。由于压力对人的情绪和行为健康影响较大，如果习惯性地只看到消极的一面，那么这种负面的影响会像滚雪球一样从一件事影响到许多事。比如当一次考试失利就片面地认为自己能力不行，不仅会对自己的评价过低，更会逐步丧失自信。

故事的主人公小然突然要面对妈妈不在身边陪伴，初中学习压力也变大了，没有经历过什么挫折的她一下子接受不了这些，所以有一些情绪崩溃的表现。后来，她慢慢认识到了妈妈奔赴疫情一线战场的不容易，也更加珍惜有父母陪伴的日子！

小然从不愿接受妈妈奔赴抗击疫情的前线战场到珍惜父母陪在身边的美好生活，心理韧性帮助她做出了主动调整。这也就是为什么有一些人虽然历经困难，却能从容应对，也就是平时所说的“坚强”“强大”，这种特质被心理学家定义为“修复力”“心理韧性”。

五、指导策略

（一）了解心理韧性

我国的一部分学者认为心理韧性不仅意味着个体在经历创伤和应激事件后能恢复到最初的生活状态，在困难压力面前不屈不挠的能力，而且更注重个体在经历创伤及挫折后的良性发展。研究者们还认为心理韧性可以在重大逆境或挫折的情景下，帮助个人获得维持个人健康发展的资源的能力和健康发展的机会。

心理韧性既可以来自先天，也可以在环境的影响、方法的学习中进行有意识的训练。一个人的心理韧性与自我调控能力也有很大的关系，自我调控能力越强，心理韧性水平也会越高。

（二）了解孩子的心理韧性品质

心理韧性存在着个体差异，也就是说每个人的心理韧性水平是不同的。当面对生活中的压力或挫折时每个人的应对方法和调整能力也是不同的。家长可以帮助孩子从以下 16 个方面了解心理韧性的状态，选择“是”的比例越高，孩子的心理韧性越水平越高。

◎我通常会用多种办法解决问题。

◎我在遇到困难时会向周围的人寻求帮助。

◎我能约束自己。

◎我能同时应对很多事情。

◎对我来说保持对事情的兴趣很重要。

◎我能很快摆脱不良情绪。

◎我有信心面对新挑战。

◎我能决定自己在生活中发生的事情。

◎遇到让心情不好的事情时，我能比较快地恢复平静。

◎情绪不好时我能转移自己的注意力。

◎我通常能从容地解决问题。

◎我在很大程度上可以控制自己的生活。

◎我能把自己的困难和问题讲给别人听。

◎无论发生什么事我都能处理。

◎我总能发现一些有意思的事情。

◎我有困难的时候会主动寻求帮助。

（三）引导孩子正确看待学习和成长中的压力

个体内心的心理韧性是一种人格特质。这种特质让我们相信自己，相信自己的成就由自己掌控。每个人都会经历困难或挫折，这是必经的成长过程。家长要根据孩子的实际情况建立恰当的教育期待，过高的期望值可能会引发孩子形成较重的心理负担。要有意识地帮助孩子通过外界支持、自我控制、积极思考、目标设定等方式，来认识和理解生活中的压力，并提供广泛的解决策略，激发内心的力量，让孩子能够在有效策略的协助下将困境重构为挑战，灵活地解决困难，应对压力，习得经验，获得成长。

（四）激发保护性因素获得更多支持力量

故事中小然的改变就来自她拥有的外在保护性因素。在生活中每个人都拥有各种不同的资源，这其中就有很多给予我们力量的来源，比如家庭、社会群体等。小然的身边就有很多这样的支持力量，比如她的父母、老师、社会力量等，这些都是帮助她走出困境的潜在资源。

六、实践思考

（一）思考题

什么是心理韧性？

【参考答案】

心理韧性指个人面对生活逆境、创伤、悲剧、威胁或其他生活重大压力时的良好适应能力，意味着面对生活压力和挫折的反弹能力，也被称为心理弹性、复原力、抗逆力。

（二）情境题

盘点“韧性”资产

※ 自我清单

让孩子思考并列出自己拥有的心理韧性品质，可以参照指导策略中分享的十六个方面，围绕积极的生活信念、良好的自我调节能力、主动性等方面。

※ 外部支持清单

让孩子思考除了自己拥有的心理韧性品质，在遇到困难或挫折时还有哪些外部可利用资源？可以尝试从人际关系、环境、社会等方面考虑。

（三）案例分析题

在“韧性”中成长

陪伴孩子一起回想，在成长过程中面对挫折时哪些心理韧性品质帮助了他（她）。结合未来发展，让孩子回答希望提升哪方面的心理韧性。

自己拥有的	希望提升的

（四）亲子实践活动

互助成长

心理学家对培养心理韧性的建议：

第一步：在最低迷的时候仍旧保持积极的心理状态；

第二步：有意识地锻炼分析能力、创造能力和实际解决问题的能力；

第三步：加强自尊、自信和自我认同；

第四步：向具有较高心理韧性水平的伙伴或榜样学习；

第五步：转变看待负面事件的看法，以积极的思维将挫折转变成机会。

家长可以将此作为参考指导孩子在学习和生活中进行尝试和锻炼，发挥这颗心的“韧性”。和孩子共同完成以上活动后，家长总结自己的感受。

七、智慧分享

每个人的心理韧性品质都是独特而多样的。在活动中找到的这些“韧性”资产，会随着个体的成长、身心的变化以及意志力的锻炼不断扩充，这会使我们的内心越来越强大，在困难面前具备更好的抗挫折能力和自我调节能力。

（一）学习资料

在克服困难中发展壮大——新中国70年奋斗历程的启示

这是一条壮阔的道路，这是一段辉煌的征程。新中国70年的发展，拓展了发展中国家走向现代化的途径，为解决人类问题，贡献了中国智慧和中国方案。回首过去，70年的历程沉淀下怎样的发展智慧、凝聚起怎样的精神力量？展望未来，70年的经验如何转化为前行的动力，推动“中国号”巨轮继续前行？

观察当今中国，可以看到“难”和“进”这两面。外部环境复杂，风险挑战严峻，是为“难”。但唯其艰难，才更显勇毅。中国不仅宏观经济稳中有进，而且创新活力不断涌现，世界500强企业数量跻身世界首位。在难中进、向高处行，把握“难”与“进”的辩证法，为理解中国发展提供了一个重要视角。

在克服困难中发展壮大，在应对挑战中超越自我，这样的故事贯穿新中国70年奋斗历程。犹记新中国成立初期，“连一辆汽车、一架飞机、一辆坦克、一辆拖拉机都不能造”，开国大典的阅兵式上，因为数量太少，几架飞机只好飞了两次。从一穷二白的起点出发，我们还曾遭遇封锁与遏制，经历洪水、地震、非典疫情的考验，面对金融危机和贸易摩擦的挑战。但愈是艰险愈向前，我们在游泳中学会了游泳，一路行进至世界第二大经济体的位置，正在建设人类历史上规模最浩大、气势最雄伟的现代化事业。可以说，新中国70年历史，就是把困难当阶梯、不断向上攀登的奋斗史诗。

犯其至难，方能图其至远。正是对各种挑战的回应，唤醒了我们主宰自己命运的自我意识，激发起顽强奋斗、艰苦奋斗、不懈奋斗的豪迈情感，推动中国进入不断自我超越的能动过程。新中国成立初期，面对西方世界的遏制与封锁，我们建立了比较完整的工业体系；改革开放以来，面对经济转型的未知风险，我们走出了一条适合国情的发展道路。正是在与困难斗争的过程中，我们不断探索，走出了一条不断改革之路、不断学习之路、不断创新之路。

在克服困难中发展壮大，涵养了一种敢于斗争、善于斗争的精神。这样一种斗争精神，就是一种知难而进、逆流而上的勇气，一种在困难面前逞英雄的精气神，一种遇强更强、愈挫愈勇的坚韧。经过70年不懈奋斗，中国人深信“幸福都是奋斗出来的”，知道许多时候胜利要通过斗争获得。正如习近平总书记所强调的，“中国社会发展，中华民族振兴，中国人民幸福，必须依靠自己的英勇奋斗来实现，没有人会恩赐给我们一个光明的中国”（《十九大以来重要文献选编（中）》，中央文献出版社，28页）。斗争精神、奋斗意志，贯穿70年风云激荡的岁月，也将推动中国走向更光明的未来。

在克服困难中发展壮大，形成了一种保持可持续发展的能力与定力。一个国家的发展，不是为了赢得一时掌声，而是一场漫长的马拉松，比的是耐力和韧劲。在现代化过程中，有些国家在一定时期内实现了经济快速增长，但最终陷入中等收入陷阱甚至发展停滞不前，这样的教训发人深省。在70年发展历程中，有党的坚强领导，有社会主义制度保障，中国经历了多少曲折而终能转危为安、履险如夷，这恰恰说明，中国具有打逆风球、走上坡路的能力，没有什么风雨波折能阻挡中国前进的坚定步伐。

在克服困难中发展壮大，激荡着战胜前进路上一切风险挑战的信心。经历了70年风风雨雨，中国人民什么风浪没有见过，什么阵势没有经历过，这让我们在面对风险挑战时具有强大的心理承受力和乐观精神。有风有雨是常态，风雨无阻是心态，风雨兼程是状态。今天，我们确实面对经济下行压力，面对外部环境的不确定性，但70年来没有哪一天是容易的，新中国的发展成绩，哪一个不是在与困难的斗争中获得的？放在70年视野中看，今天的我们还有什么理由不坚定信心、保持乐观？“涉深水者得蛟龙”，在70年的坐标中接续奋斗，我们可以克服今天的困难、遇见更好的明天。

保持向困难进发、攻坚克难的勇气和毅力，在新中国成立70周年新的起点上，稳中求进、开拓创新，我们将不断创造新的更大奇迹。

摘自《在克服困难中发展壮大——新中国70年奋斗历程的启示①》（有改动）

《人民日报》，2019-08-05

（二）推荐书目

1.《心理韧性，回弹的力量》（〔澳〕马修·约翰斯通，广西科学技术出版社）

这是一本关于如何克服逆境的书。作者马修·约翰斯通基于自己10余年来维持心理健康、应对人生低谷的实践，创作了本书。这本书以漫画形式为主，介绍了一个曾患有抑郁症的人在经历艰难、坚韧不拔、最终治愈的过程及治愈后的生活中，运用心理治疗、认知疗法、正念冥想、健康管理等科学方法，像锻炼身体一样培养自己的心理韧性和幸福感，通过培养复原的力量，即心理韧性，获得战胜挫折的力量。

2.《心理韧性手册：一本教你如何面对逆境和迎接挑战的人生指南》（〔美〕达蒙·扎哈里亚德斯，电子工业出版社）

本书的主旨在于帮助读者建立心理韧性，使读者能够应对生活中的任何困境或挫折。韧性，是每个社会人安身立命和获得幸福的重要品质和能力。韧性并不是天赋，它也是可习得的能力。在本书中，作者首先介绍了心理韧性与毅力等概念的不同，然后详细介绍了发展自身心理韧性的一些关键影响因素，提供了快速增强心理韧性的 5 个日常习惯及轻松实践心理韧性的 8 个练习计划，以帮助读者建立坚韧这一坚固的“精神盔甲”。

参考文献

[1] 林崇德 . 中学生心理学 [M]. 北京：中国轻工业出版社，2013.

[2] 林崇德 . 发展心理学 [M]. 北京：人民教育出版社，1995.

[3] 中华人民共和国教育部 . 中小学心理健康教育指导纲要（2012 年修订）[M]. 北京：北京师范大学出版社，2013.

[4] 杰弗里·阿内特 . 阿内特青少年心理学 [M]. 北京：中国人民大学出版社，2009.

家风建设

千教万教教人求真——扬传统美德，建诚信家风

一、指导目标

（1）引导家长认识诚信教育的重要性。

（2）帮助家长树立正确的诚信教育观念。

（3）指导家长学习合理有效的诚信教育方法，以帮助孩子养成诚信品德。

二、现状分析

2007年，党的十七大首次将“社会主义核心价值体系”纳入报告中，并指出社会主义核心价值观是社会主义意识形态的本质体现。诚信作为社会主义核心价值观中个人层面的重要内容，是国民思想道德建设的重要一环。诚信是一切美好品德的基础，构建好诚信基石，才能够在此基础上形成其他品德素养。因此，在“五育并举”的教育理念导向下，德育中的诚信教育至关重要。

一项903名中学生参加的诚信状况的调查发现，在对问题“你在学校生活中是否经历过不诚信行为”的回答中，有25%的学生表示有过多次经历，63%的学生偶尔经历过，只有12%的学生表示基本没有经历过。这反映出当前中学生存在诚信缺失的问题，有部分中学生存在或多或少的诚信问题，因此加强诚信教育刻不容缓。针对诚信缺失问题的具体表现，在多选题“你或同学不诚信行为的主要表现是什么？”的回答中，认为存在考试作弊现象的有57.7%，抄袭作业的有52.06%，不遵守校规校纪的有31.19%，说谎（包括编造理由、欺瞒老师及家长、不守承诺）的有73.3%，其他现象有3.2%。中学生目前出现的诚信缺失问题会严重影响其

学业的进步，以及其健全人格、品德的建立。而对于“你对身边的不诚信现象持什么态度”这一问题，23.2% 的同学表示会坚决制止不诚信行为，52.7% 的同学认为并不认同但也不会主动制止，24.1% 的同学觉得无所谓。由此可见，多数中学生对诚信行为不甚重视，并没有意识到诚信的重要性。

结合调查问卷的数据可以发现，不少中学生存在着程度或深或浅的诚信缺失问题，且对诚信品德的重要性认识并不深刻，诚信教育亟待加强。造成这种现状的原因一方面是社会中存在着“金钱至上”“重利轻义”的落后观念，另一方面是学校和家庭教育存在着一定的不足。家庭教育应以立德树人为根本任务，培育和践行社会主义核心价值观，同时特别突出“以德为先”。因此，引导家长对孩子进行科学的诚信教育，既是改变当前中学生诚信缺失现象的需要，也是引领青少年践行社会主义核心价值观的最有力方式。

三、故事聚焦

“诚信”的背后故事

一次化学课后，化学老师气冲冲地找到班主任马老师，说李丽在单元小测时不但作弊，被发现后还坚决不承认，当堂和老师狡辩。化学老师一边说着一边把一张撕碎了的写满答案的小纸条递给马老师。马老师拿着小纸条找到李丽询问情况，在铁证如山的情况下，李丽依然不断变换各种前后矛盾的理由狡辩，坚决不承认自己的作弊行为。后来，经过两节课的谈心、反思之后，李丽进行了检讨，认识深刻，还真诚地向化学老师道歉并承认错误。谁知，就在短短两天后的期中考试中，她又被监考老师发现用手机作弊，学校当即通报批评。在马老师准备给李丽妈妈打电话时，李丽崩溃大哭，露出了前所未有的惊恐表情，她恳求马老师不要把这件事情告诉妈妈，否则她会遭受妈妈的打骂。马老师询问后得知，每当李丽考试成绩不好时，轻则挨骂、遭到冷嘲热讽，重则挨打、后面几天不给饭钱，最严重的一次，甚至半夜被赶出家门在楼道坐了一宿。最近几次因为作弊带来的成绩进步的假象，妈妈对她态度很好，甚至周末还带她去出去看电影、吃饭。

解铃还须系铃人，只有父母改变教育方法，李丽才能有所改变。在马老师和李丽妈妈的谈话中，李丽妈妈不止一次说道，“我就是希望严厉的教育能够让她有所触动，好好学习”，“现在这个社会，上不出学将来没钱就没有活路”，“我宁可她恨我，也得逼她把学上出来，不然这辈子就毁了”。马老师以积极心理学为据，采取正向引导的方式，指导李丽妈妈制定好今后的家庭教育策略：第一，淡化学习成绩及唯结果论思想，注重过程及阶段性鼓励，同时改掉考好就物质奖励、考不好“狂风暴雨”的奖惩方式；第二，改变教育方式，由暴力惩罚变为积极解决问题，孩子出现问题时打骂并不能让她意识到错误，要尝试母女一起分析问题、制订计划、解决问题；第三，以身作则，改变自身观念，不以成绩定人生成败，不进行错误的金钱观、价值观引导。李丽妈妈终于醒悟，正是因为自己的教育观念存在错误，才导致了现在这种结果。她痛定思痛，下决心一定要改变教育的重点和方式。

接下来的日子，马老师在以上三个策略的大方向指导下，不断与李丽的家长针对不同事件制定一些小方法、小目标，引导孩子完成；同时向孩子了解近期家长对她的教育方式，不断跟进、沟通。渐渐地，李丽变得开朗了，虽然还偶有犯错，但在接受批评时不再找借口狡辩了。最让人欣慰的是，已经很长时间没有老师反映她有作弊的现象了，李丽的学习也在稳步进步。

四、剖析根源

李丽的故事是典型的家庭教育失当，使得孩子在性格、三观的形成时期获得了不良引导，从而走入思想、行为误区，导致诚信缺失的案例。案例中体现的家庭教育的根源性问题，也是大多数诚信缺失孩子的家长经常会或深或浅走入的误区。

（一）**重智轻德，教育重点失调**

从家庭教育角度来讲，造成诚信缺失问题的最主要原因就是父母在教育过程中存在着重智轻德的观念。现实中很多家长只关心孩子的学习成绩，不关心孩子的身心健康发展，每每与老师了解近况时，也都只问孩子的学习情况不问其他。课间跑步时，也会时常帮助孩子“请病假”，孩子迟到时也会为孩子编造理由。殊不知，正是这种忽视孩子品德教育行为，才助长甚至造成了孩子的诚信缺失。

家长在家庭教育中最常出现的思想误区正是这一点，认为只要孩子学习成绩好，其他的都不重要，也不必关心，甚至只要孩子学习好了，在其他方面就百依百顺，十分溺爱孩子。这种重智轻德的思想，会使得家庭教育过程中的教育重点严重失调。尝过走捷径的“甜头”之后，孩子就会越来越懒惰、越来越想方设法地投机取巧，诚信缺失问题进而会导致学习成绩下滑。

（二）**身心施暴，教育方式粗暴**

有些家长由于受教育程度不高，或者自身存在着脾气暴躁等问题，教育方式过于简单粗暴。当孩子没有达到自己的预期时，家长往往控制不了自己的情绪，动辄打骂孩子。案例中李丽的妈妈觉得“严厉”就是有效的教育方式。因此，在李丽犯错后或考试成绩不好时，经常打骂孩子，觉得这样孩子才能发愤图强。导致李丽为了避免承受身心上的伤害，养成了弄虚作假的坏习惯。

在家庭教育中，许多家长或许不会经常对孩子实施身体暴力，但是多数依然存在着作为家长的权威感，无法平视孩子，因此在教育过程中随意对待孩子、随意发泄自己的情绪。这种语言上的暴力虽然不会对身体造成伤害，但对孩子心灵上的伤害是巨大的。许多孩子为了避免承受伤害，就会选择弄虚作假的欺瞒行为，或者做错事情后拼命找借口为自己开脱以逃避惩罚。长此以往，就会导致诚信缺失问题。

（三）**不良影响，价值观念偏差**

家长自身的言行对孩子有着潜移默化的影响。当家长自己的价值观念就存在一定偏差时，孩子自然也会受到其不良思想的影响。案例中李丽的妈妈经常表达出不正确的金钱观、人生观、价值观，李丽受此影响，也会出现不诚信行为。

家长的一言一行孩子都看在眼里、记在心里。许多家长在自身行为上存在疏忽，给孩子造成不良影响，还一味要求孩子，教育效果自然不高。同时，不正确的价值观念的传达，也会在孩子的心里扎根。父母唯利是图，孩子也会为达目的不择手段；父母过于看重学习，功利心过强，孩子也会不惜一切代价和手段去满足父母；父母认为有钱最重要，做人不重要，孩子也会放松对自身的道德约束，从而成为一个不诚信的人。

五、指导策略

积极心理学理论认为，应该充分寻找乐观向上的积极心理因素，以此来激发人内在的优秀潜能和品质。积极心理学理论应用于指导家长的家庭教育中，以此来对学生进行诚信教育，不仅能解决现有的问题，更能挖掘孩子的内在潜能，让孩子获得更好的成就与生活。以积极心理学理念为指导，对建设诚信家风，弘扬传统美德，可以从如下三方面进行家庭教育。

（一）以德促智，激发潜能

随着《中华人民共和国家庭教育促进法》的正式出台，家长在家庭教育中“以德为先”的教育责任更为明确。家长要先走出重智轻德的教育误区，避免只看学习，不重德育的教育行为。“德”是人过好任何社会生活的基础和必要条件，学习生活也包含其中。当充分进行德育教育，孩子懂得诚信的重要性以后，他就会懂得“一分耕耘一分收获”，不找借口，不走捷径，克服懒惰，通过努力获得真才实学。这正是积极心理学的启示，培养良好的品质，以此激发更大的潜能。

家长在家庭教育过程中，要调整好“德”与“智”的比重，除了关心孩子的学习以外，也要处处留心孩子的行为品德。留心生活中的各种小事，发现不诚信行为要及时制止，并对孩子进行教育，让诚信在孩子心里扎根，从而让孩子成为勤奋好学的人，激发其潜能，“德”“智”兼修。

（二）以爱育德，立德树人

爱与温暖作为正向、积极的情绪，能够提升教育效果，促进人格的建立与发展。“儿童教育应该是爱的教育，从培养爱和信任开始。成功的教育总是建立在理想的家庭生活和父母力量的基础之上的。家庭生活的黏结力就是爱的黏结力。家庭影响如果以最纯洁的形式出现，就是人类教育中所能想象到的最高尚的因素。凡是有着爱和容纳爱的家庭，肯定会有成功的教育。”因此，家长在进行家庭教育时，应避免随意发泄情绪，甚至对孩子拳脚相向。这种做法会使得孩子形成自卑、逃避、爱狡辩的缺陷人格。

正确的方法是，以爱为出发点，当孩子出现问题或错误时，和孩子一起寻找问题的根源，并共同寻找解决办法，制订计划，并耐心监督、跟进，在孩子达成目标和改正问题后，给予孩子正向的鼓励。这样一方面能使孩子在解决问题的过程中逐渐进步，另一方面更能让孩子意识到即使犯了错误父母也依然爱自己，只要改正即可，逐步提高孩子的自信心和安全感，不让孩子因为害怕被伤害而弄虚作假，要让孩子形成勇于承认错误、承担责任、善于反思改正的正直人格，这样诚信教育自然而然达成，并对孩子形成健康、健全、优秀的品质大有裨益，达到立德树人的目的。

（三）以身作则，触发觉悟

托尔斯泰曾说过：“全部教育，或者说千分之九百九十九的教育都归结到榜样上，归结到父母自己的端正和完善上。”榜样的力量是积极正向的教育引导，从积极心理学的视角，它有着很强的教化作用。而父母作为孩子的第一任老师，对孩子的成长及教育有着莫大的影响。因此，父母应避免传达错误的观念，或者做出错误的行为给孩子做出不好的示范。行动大于一切语言，父母以诚信作为做人准则来要求自己，孩子自然会潜移默化地受到教育，这样的教育才是真正能够内化于心，外显于行的教育，才能够让孩子觉悟，将诚信真正作为自己的道德准则。

最重要的是在与孩子的交往中要讲诚信，言必信，行必果，学习“曾子杀猪”的教育精神，答应孩子的事情要做到，让孩子感受到被诚信对待的快乐，以此积极情绪激发孩子的诚信意识。另外，在日常生活中，孩子也会观察、模仿父母的言行举止。因此也要诚信对待工作、诚信与人交往，为孩子树立一个好的榜样，将诚信的种子种在孩子心中，自然生长。

六、实践思考

（一）思考题

您是怎样理解诚信的？

【参考答案】

诚实、守信用。

（二）情境题

有这样一个故事：一个年轻人去渡口乘船，他已拥有装满健康、美貌、诚信、机敏、才学、金钱、荣誉的七个背包。船到江心突然风起浪涌，小船上下颠簸起来，艄公说船小负载重，必须丢掉一个背包，方可安渡难关。年轻人一开始哪个都不舍得丢掉，后来思索了一会儿，把诚信丢进了水里。现在他带着剩下的六个背包来到了某银行应聘。

请您和家人情景再现，分别扮演年轻人和负责招聘的银行主管来谈谈感受。

【参考答案】

不该丢掉装满诚信的背包。诚信是为人之道，是立身处世之本。讲诚信的人处处受欢迎，不讲诚信的人，人们会忽视他的存在。

（三）案例分析题

考试过后，小红无精打采地回到家。妈妈问道：“考得怎么样？”小红说：“班里有好几个同学作弊了，分数肯定比我高。我这次成绩不好，前段时间贪玩没有好好复习，不过我保证都是自己认真考完的。”面对孩子的话，家长应该如何回答？

【参考答案】

遇到这类问题要进行多角度分析，既要肯定孩子的诚信行为，鼓励孩子继续保持，又要帮助孩子分析问题，指出孩子在学习上的不足，并一起寻找改进办法。不能一刀切地只看外在行为，更不能只关注学习，忽略了对孩子的诚信教育。

（四）亲子实践活动

培育好家风，共植诚信树

在一些有创意的小程序中父母与孩子合种一棵树，取名诚信树。家庭成员每当做了一件讲诚信的好事时，可以为大树浇水 10 g。家庭成员间相互监督，当出现不诚信行为时，扣除 10 g 浇水贡献值。当诚信树种植成功后，结算浇水贡献，贡献最高的成员获得奖励。这一活动既能培养孩子的环保意识，又能够量化诚信行为，同时制造诚信的家庭氛围，有利于建设诚信家风。

注意事项：①奖励不一定是物质奖励，可以选取精神奖励，视实际情况而定；②父母要认真参与活动，认真完成，不敷衍，以达到良好的教育效果；③实施过程中要做好监督，避免孩子为了获得奖励而弄虚作假，本末倒置，达不到诚信教育的目的。

七、智慧分享

（一）学习资料

给孩子最好的礼物：如何做积极的父母

家长想要孩子学会诚实，可从以下几个方面做出努力。

（1）培养孩子的语言表达能力，让孩子能够准确描述生活，表达思想和感受。

（2）改善环境，消除不良影响。首先，父母要以身作则，对孩子言传身教。孩子说谎的时候父母会很生气，殊不知可能就是自己的不诚实教坏了孩子。所以想要孩子诚实，首先自己不要在孩子面前弄虚作假，其次，也不要让孩子帮着自己圆谎。

（3）惩罚得当。孩子犯错误后，家长不要动辄横加指责，应认真分析原因，批评得当。对于孩子的不诚实行为一定要帮助其改正，让孩子意识到知错能改，仍然是父母心中的好孩子、老师心中的好学生。

（4）帮助孩子克服虚荣心。家长首先要以榜样示范，自己不落俗套。其次要克服孩子的攀比心理。还要让孩子意识到不能通过不诚实来获得他人的赞同和认可，一旦被揭穿，只会让大家厌恶。

此外，家庭教育的过程是父母教育素养不断提升的过程，家长要经常学习，自我觉察，适当总结，积极改变，不断成长。建议家长要做到以下几个改变。

（1）变抱怨为学习。把唠叨、抱怨、指责孩子的时间用在学习教育理念和方法上，用在自身的积极改变和成长上。改变自身错误的教育理念，不断改进教育方法和无效的亲子沟通方式，努力成长为具有科学的家庭教育知识、正确的家庭教育理念、较强的家庭教育能力的家长。

（2）变不满为欣赏。正视孩子的不完美，用心发现孩子身上的潜力和优势，当孩子在成长过程中出现各种问题时，用一种积极、平和、理性的心态面对和解决这些问题，帮助孩子客观地分析问题背后的原因，带给孩子快乐的力量和心情。

（3）变消极为积极。家长要注重培养孩子的成长性思维，不断激励孩子用行动去迎接人生的各种挑战。家长要在生活中表现出积极乐观的心态，努力为孩子树立积极的榜样，经常反思自己，不断检讨自己消极的语言、情绪和行为，改掉自身的坏习惯，成为积极改变和成长的父母。

摘自《给孩子最好的礼物——如何做积极的父母》（有改动）

李兆良，湖南教育出版社

（二）推荐书目

1.《给孩子最好的礼物——如何做积极的父母》（李兆良，湖南教育出版社）

大量的家庭教育实践表明，积极的家庭教育能够培养乐观、善良、感恩、坚毅、勇敢、自信、对未来充满希望的孩子。本书能够帮助为人父母者，在面对孩子和孩子的问题的时候，不再迷茫、不再困惑、不再消极；

不再一味盯着孩子的问题不放，而是以“积极”为导向，从“积极”出发，充分发掘孩子所具有的潜能、力量、美德和优势，帮助孩子拥有自己美好的人生。本书为家长提供了做积极的父母和培养积极的孩子的实用方法，有道、有术、有料、有效，非常值得父母阅读。

2.《好妈妈胜过好老师》（尹建莉，作家出版社）

家庭是孩子最基本的生活和教育单位，妈妈是这个教育单位里的老师。一言一行，一举一动，都有可能成为孩子的效仿源。无数事例证明，孩子最初的行为习惯都是从妈妈身上学来的。因此，面对不听话的孩子，妈妈要特别重视榜样对孩子的巨大影响作用，时时处处为孩子树立好的榜样。《好妈妈胜过好老师》这本书中提出了一些令人耳目一新的家庭教育原则，使父母在教育孩子的时候有章可循；给出许多简单而又实用的操作办法，理论和实践完美结合，不仅让父母们获得许多有效的经验，教育意识也随之改善。它是实事求是谈家教的典范，是家长们最实用的工具书。

二

青春期教育

直面成长不烦恼——科学应对青春期的叛逆行为

一、授课目标

（1）帮助家长全面了解青春期孩子的身心发展规律和心理情感变化特征。

（2）引导家长明晰青春期孩子叛逆的原因。

（3）指导家长学会面对、接纳孩子的叛逆，掌握正确的应对策略，以科学睿智的育子方法助力孩子走出青春期的困惑与迷茫。

二、现状分析

跨入青春期的大门，意味着孩子开始步入人生美丽的春天。青春期听上去充满朝气与活力，然而对很多家长来说简直就是一道令人头疼的紧箍咒。青春期是青少年生理发育和心理发展急剧变化，告别幼稚、走向成熟的过渡时期。它既是人一生中最美好的“花季期”，也是最危险的“烦恼期”，在心理学中被称为“心理断乳期”。医学界把青春期年龄定为13—18岁。青春期的孩子情绪多变，身体指标接近于成人，性激素分泌大大增加；感知觉能力不断提高，抽象逻辑思维日益占据主要地位；自我控制能力有了明显的发展，情感不再完全外露。但在认知、情绪调控、社会经验等方面，仍延续儿童不成熟的人格发展水准，无法理性控制自己的行为和思想，很容易生气和发脾气，性格变得暴躁。

处于青春期的孩子，思维活跃、渴望独立、逆反心理极强，因此亲子之间的矛盾也接踵而至。青春期常见的叛逆行为如下。

（1）自我意识增强，不愿接受他人的意见。出现逆反心理，容易片面、偏激、冲动。不接受父母的管教、乱发脾气、顶撞父母。

（2）学会隐藏自己的真实情绪，出现心理“上锁”。过去性格外向、爱说爱笑的孩子，进入青春期可能会变得沉默寡言。部分孩子出现不爱学习，手机不离手，沉迷网络，早恋，不愿与家人交流，甚至逃课逃学的情况。

（3）个人情绪不易受控，焦虑不安。有较强的自尊心，言行受到肯定和赞赏时，会产生强烈的满足感。反之，易产生强烈的挫败感。个别孩子面对学习压力的加重，学习成绩的下滑，往往会心理失衡，出现厌学、自卑、自暴自弃、叛逆甚至抑郁等现象。

青春期是人生发展的一个重要阶段，详细了解青少年青春期的发展变化，有利于进一步促进青少年的身心发展。2012 年修订的《中小学心理健康教育指导纲要》从与异性的交往原则、社会适应与人格培养的角度强调了青春期及心理健康教育的必要性；2019 年修订的《全国家庭教育指导大纲》则从家庭教育的角度强调了青春期阶段的教养要点。

三、故事聚焦

孩子，妈妈真的做错了

盛夏八月，烈日的高温伴随着声声蝉鸣使人内心焦躁烦闷。一家快餐店内，一位黯然神伤的女孩心事重重地坐在餐桌前，面对喷香扑鼻的午餐食不下咽，眼泪像断了线的珠子止不住流下来。女孩名叫小敏，是一位八年级学生。自幼父母离异，跟随性格好强、脾气急躁的母亲生活。初中之前，小敏一直比较乖巧懂事，也听妈妈的话。但初中以后，突然变得有些叛逆，与妈妈的沟通也越来越少。炎炎夏日，发生了这样一件事……

暑假的一天，小敏兴奋地对妈妈说：“妈，我都一学期没看见奶奶了，我想暑假好好陪陪奶奶。”

妈妈欣慰地说：“小敏长大了，真是孝顺的好孩子，去看看奶奶吧。”于是整个暑假小敏都在奶奶家住着。奶奶觉得从小让小敏过单亲生活，心理充溢着愧疚感。每次见到小敏，对小敏的态度都是有求必应，希望通过物质的满足来填补对孩子陪伴、照顾的空白。小敏在奶奶家过得特别“滋润”，没钱花，伸手和奶奶要；想出去和朋友玩，奶奶从来不阻拦。整个暑假在奶奶家，小敏感觉特别自由，还认识了一个闺密好友，无比开心。

一天傍晚，小敏对奶奶说：“奶奶，我和闺密看电影去了。”奶奶说：“天黑了注意安全，早点回来。”结果晚上10点小敏还未回家。奶奶打电话询问，小敏说在闺密家住不回家了。奶奶怕孩子晚上有其他危险，就和妈妈进行了沟通。结果妈妈知道后顿时火冒三丈，开始不停地给小敏打电话、发微信，但都没联系上小敏。最后妈妈报了警，警察通过手机定位在小敏的一个同伴家找到了她。

见到小敏后，妈妈的情绪像火山爆发一样对孩子大吼起来：“小敏，你太不像话了，都夜不归宿了。都是你奶奶惯着你，以后别去奶奶家，别和奶奶来往了！”在警察的劝说下，小敏当天晚上不情愿地和妈妈一起回到了自己家。为了不让小敏再次外出，妈妈声称以后要把小敏“软禁”在家里，没有妈妈的许可，小敏不能走出家门半步。母女俩冷战了两天后，第三天夜里，小敏趁妈妈熟睡，偷偷溜出了家门……

走的时候，小敏给妈妈写了一封临别信，信中这样妈妈说道：“妈，和你在一起生活感觉太压抑了。我不想读书了，更不想和你一起生活。我已经长大了，想自己学化妆、美甲养活自己，等赚了大钱再回来看你！”

妈妈焦急不安地向学校老师、朋友、亲属发起了求助，终于一天后在一家炸鸡店找到了小敏。在大家的坦诚交流、倾情疏导下，妈妈的教育方式转变了，小敏真正感受到了妈妈浓浓的爱意。母女关系恢复亲密，小敏脸上露出了久违的快乐笑容。

四、剖析根源

与孩子相遇是美丽的缘分。八年级学生正处于“心理断乳期”和“青春懵懂冲动期”，他们希望尽快摆脱童年的稚嫩，获得一种全新的评价认可，需要家长精心引导和悉心栽培。故事中小敏母女俩之间的矛盾冲突之所以如此激烈，有很多深层次的缘由，具体分析内容如下。

（一）家庭成长氛围缺失爱的滋养

小敏自幼和母亲共同生活，母亲性格好强，从小到大几乎都对小敏采用“我说你听”的严厉管教方式。父亲的陪伴和支持几乎是空白的，而奶奶对孙女充满愧疚，渴望通过溺爱的方式来弥补爱的空白。小敏和母亲生活获得了陪伴，但得不到情感的支持与理解；和奶奶生活获得了物质满足，却得不到正确的引导，无法满足对爱和归属的需要。家是青春期孩子最温暖的港湾。小敏因为家中缺乏民主、平等、宽容的家庭氛围，所以极力想要自己独立去“谋生”，不愿和母亲生活在一起。

（二）专制型的教养方式助长了孩子的叛逆对抗

孩子小的时候，家长们或“哄”或“吼”，似乎总有办法“制服”他们。当孩子逐渐迈向青春期的门槛，一切都截然不同了。那些控制欲强的父母，更容易与孩子发生严重的冲突。小敏正处于青春期，母亲继续使用强制严厉、简单粗暴的家长作风式教育，只能让小敏的心离母亲越来越远。孩子到了青春期，依赖性与独立性并存，渴望自己做主去做一些事情，但由于心智、大脑发育并未完全成熟，也渴望得到家人的心理支持和情感安慰。这时父母依然采用严厉的说教方式，等于在激发孩子的叛逆意识，导致过激冲突行为的产生。

（三）击垮自尊心等于击碎了青春期孩子的积极行为模式

青春期的孩子敏感多疑、自尊心极强。不管孩子犯多大错误，父母都不可以当众责骂、威逼孩子。小敏的母亲在得知孩子夜晚未回家后，情急之下报了警，小敏觉得妈妈小题大做。妈妈在警察、闺密、奶奶这些小敏比较在乎的人面前，歇斯底里地责骂她，等于碾碎了小敏最后的尊严和面子，所以小敏千方百计“出逃”远离妈妈。维护青春期孩子的自尊心，是每一位父母的责任。青春期，父母应该成为“稳住”孩子的朋友，不能做“击垮”孩子的“仇人”。

（四）亲子之间的沟通方式出现严重不和谐

青春期是孩子逐渐摆脱幼稚走向成人的过程。他们希望获得独立、渴望父母把自己当做成年人来对待。青春期的孩子容易变得叛逆激进，像一个火药包，易燃易爆炸。这时作为父母，仍然采用“以暴制暴、我说你听”的单向沟通模式，不能静下心来认真倾听孩子内心的真实声音，会导致亲子关系急剧恶化。

五、指导策略

青春期的孩子像试翼待飞的雏燕，有几许期待、几许胆怯；像挂满露珠的花蕾，有几许清纯、几许羞涩；青春期的孩子更像娇嫩的玫瑰，有几许美丽，更带几许锐刺。花开有声，成长有径。家长要及时转变教育方式，跟上孩子成长的节奏，助力孩子成人成才。

（一）接纳孩子叛逆，用尊重包容构筑家庭教育新支点

进入青春期，孩子渴望寻求一种新的行为准则，扮演一个新的社会角色。他们对一切不愿顺从，开始时不时地顶撞父母。孩子出现叛逆是一种正常的青春期现象，家长应正面接纳孩子心灵成长的“阵痛”，予以理解、包容。

青春期的孩子性格敏感刚烈，家长简单粗暴、带有强制命令的教养方式容易引发孩子的心理对抗。家长必须理性转变自己的观念和行为。①请把高低式，即父母高位、孩子低位，父母强势、孩子弱势的教育模式切换为良师益友、平等尊重的教育模式。②解决问题不能以暴制暴，需要以柔克刚。孩子叛逆犯错，家长一定要做自己情绪的掌控者，及时按下冲动“暂停键”。有事多商量，出事少指责；尊重包容放首位，遇到困难肯相助。竭力与孩子产生共鸣，构筑家庭教育新支点。

（二）提升教育“爱商”，反思共情赋能亲子相伴成长

面对青春期孩子的教育，父母要投入更多的精力关注孩子内心的成长和需求，竭力提升教育“爱商”。要善于倾听孩子的真实心声，能站在孩子的角度去感受、考虑问题，积极发现他们身上的闪光点。多赞美、多鼓励，不唯分数论，孩子会更加积极自信。

当孩子叛逆顶撞的时候，要理解体谅孩子的现实处境及情绪压力，感受孩子的困惑与烦恼，与孩子共情（共情是心理学的一个词语，这里指家长理解和体验孩子内心感受的能力）。家长还要学会反思自己的言行举止，从孩子的态度中及时发现自己的问题：近期是否出现对孩子不尊重的行为；是否因为工作太忙、压力太大而疏忽陪伴孩子或对孩子的态度暴躁冲动；等等。

青春期的孩子，或许莽撞、或许偏执。父母先学会后退，把“下命令”变成“提建议”；会共情，与孩子形成心理上的同盟。孩子便更容易敞开心扉、诉说心声、走近并理解父母。作为家长，一定要给孩子克服冲动，直面挫折的勇气和力量。把青春期孩子的危险期变成机遇期，把爆发期变成创造期，与孩子一起共情，相伴成长！

（三）尝试多样方法，因势利导做孩子的人生领航员

优秀的父母，不应做孩子生活的保姆，应该和孩子成为知心朋友，做孩子的人生导师，为孩子领航，具体方式有以下几种。

（1）书信交流。和青春期的孩子，除了谈话沟通，还可以采取书信交流的方式。家长可以用朋友的身份心平气和、真情实感地表达自己的思想，阐述自己的观点，运用语言文字的魅力感染孩子，使交流更加融洽。

（2）签订“亲子保密协议”。家长偷听孩子打电话的内容、偷看孩子日记等行为是破坏孩子对家长信任的首要“杀手”。和孩子签订一份“亲子保密协议”，写下什么事情是父母可以知晓的，哪些属于孩子的隐私，然后双方做出相应的约定，会提高孩子对家长的信任感。

（3）利用亲子实践活动增进亲子关系。可以经常陪孩子进行体育锻炼；带孩子去旅游、参观；陪孩子看他们喜欢的电视节目；鼓励孩子积极参加课外实践活动。鼓励孩子大胆进行自我探索，帮助孩子确定人生的目标和方向，完成个人成长，助力孩子慢慢走出青春期的冲动迷茫。

六、实践思考

（一）思考题

当青春期的孩子的表现令您不满时，您能否克制住自己急躁的不良情绪？你会怎样与孩子沟通？

【参考答案】

当青春期的孩子的表现令家长不满时，家长一定要克制自己的急躁情绪，接纳孩子的叛逆。有事多商量，出事少指责；尊重包容放首位，遇到困难肯相助。竭力与孩子产生共鸣，给孩子克服冲动、直面挫折的勇气和力量，助力孩子健康成长。

（二）情境题

东东上八年级了，有一天他在学校里抽烟的事情被爸爸知道了，放学回家后父子俩因为这件事发生了激烈的争吵。东东顶撞了爸爸，爸爸一个耳光扇向孩子，说："翅膀硬了不学好，敢抽烟，还和家长犟嘴！"东东气得跑到奶奶家住不回来了。您觉得东东爸爸怎样做会获得更好的效果呢？

【参考答案】

东东爸爸这样处理问题适得其反，亲子关系会越来越糟糕。当孩子叛逆顶撞的时候，不能以暴制暴，要以柔克刚。和孩子进行情感交流时要力争做到"信息平衡"，使双方处于平等的位置，这样孩子更容易敞开心扉、诉说心声、理解父母，进而改掉自己的缺点和不足。

（三）案例分析题

梅梅是一名文静乖巧的女孩。但升入九年级后，突然变得孤僻急躁，总爱发脾气。每天除了写作业就是上网聊天，对家长不理不睬。妈妈几次想和女儿好好聊聊，都是没说几句话就发生争执，梅梅顶撞说："我就是懒得理你，不可理喻。"还在自己的房间门上贴上"请勿打扰"，气得妈妈黯然落泪。请分析一下导致母女多次冲突的原因及应怎样去疏导孩子。

【参考答案】

青春期的孩子正处于"心理断乳期"和叛逆期，情感起伏大、变化大，有时易犯错并难于驾驭。他们有了独立的思想，但喜怒哀乐不愿向父母吐露，还要埋怨父母不理解自己。如果父母处置不当，对孩子的表现刨根问底，或是漠不关心，或是专制蛮横，往往都会增强他们的反抗对立情绪。

家长应转变观念，接纳孩子的叛逆，尊重理解孩子。善用肯定式话语与孩子沟通，做孩子的知心朋友。

家长更应倾听孩子的真实心声，站在孩子的角度去感受、考虑问题，积极发现他们身上的闪光点。多赞美和鼓励孩子，少一些批语和指责。

当孩子叛逆顶撞的时候，家长不能以暴制暴，要以柔克刚。要把“下命令”变成“提建议”；会共情，与孩子形成心理上的同盟。把青春期孩子的危险期变成机遇期，把爆发期变成创造期，多为孩子加油赋能，与孩子一起共情，陪伴孩子快乐成长！

（四）亲子实践活动

设计亲子“赋能成长”手账

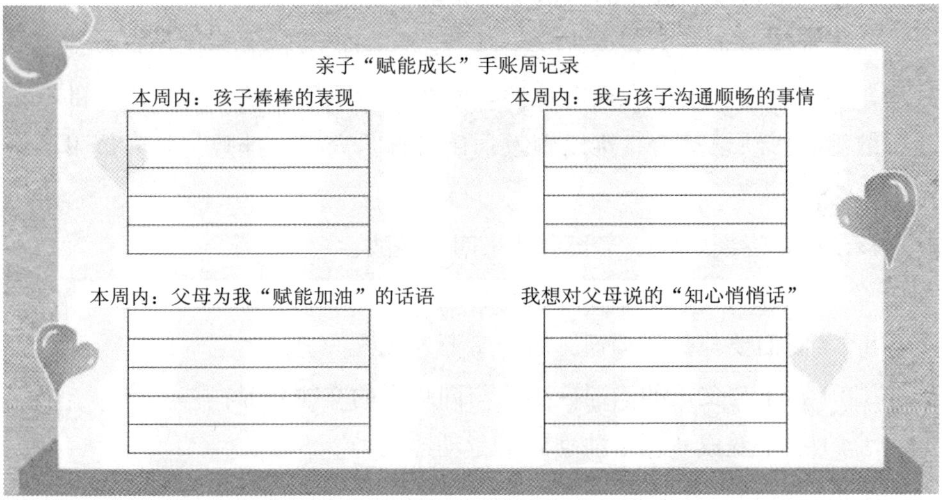

完成说明如下。

（1）父母和孩子每月用一周时间共同完成亲子“赋能成长”手账记录。

（2）家长要坚信自己的孩子是最棒的，每周记录孩子优异的表现和与孩子沟通顺畅的事例。

（3）孩子记录一周内父母为我“赋能加油”的点滴话语，和父母分享自己的“知心悄悄话”。

（4）记录完毕后，亲子之间可以进行坦诚的交流。在孩子青春期阶段，亲子共同开启高能量相伴成长的幸福人生。

七、智慧分享

（一）学习资料

父母对话青春期

人们常说“谁的青春不迷茫”，说的就是处于青春期的孩子的状态。然而现实中岂止是孩子迷茫，孩子的家长更迷茫。很多青春期孩子的家长都很困惑：孩子到底是怎么了？简直无法跟他沟通！

1. 家长与青春期孩子的对话卡在哪里

八年级的孩子，会表现出这个年龄阶段的很多特点。比如自以为是、狂妄，同时又总觉得没人理解他们。而在父母眼里，孩子呈现出来的状态是闲散沮丧、缺乏动力、难以管教，让父母陷入极度挫败与随时爆发的情绪中无法自拔。

孩子的青春期阶段，家长会迎来四大挑战：

（1）“冲突”成了家里的“常客”；

（2）时而要与孩子沟通，时而又要与成人沟通；

（3）孩子与父母的沟通变少，与同龄人的交往升温；

（4）孩子变成“思考独立者 + 行动冲动者”。

父母了解到青春期孩子的特点后，真心接纳他们很重要。在孩子表达自己的时候，要认真倾听而不是争辩对错。在他们难以控制情绪的时候给予共情，而不是嘲笑和批评。只有孩子被接纳，他才有可能健康快乐地成长。如果他所有的思想与行为都遭到批判，他就会质疑自己存在的价值。

2. 拆墙建桥，与青春期孩子这样对话

沟通是要架一座桥，让家长和孩子可以走进彼此的内心。可是有一些家长经常使用的沟通方式不仅没有成为“桥”，反而成为“墙”，阻隔了与孩子的沟通。

家长和孩子在一起的能量值是双方的平均值，高能量的一方才可以产生影响力，为对方赋能。下面是几种亲子之间常见的“筑墙式”沟通，请反思一下自己是不是也经常这样。

（1）我已经说过一百遍了——唠叨：彻底堵住对话通道。

（2）你从来都没有认真过——否定：孩子偏就做不好给你看。

（3）你再不……我可要——威胁：促使孩子将对抗坚持到底。

（4）你又跟谁出去玩了——盘问：孩子说谎的触发器。

（5）你要多向 ×× 学习——比较：中伤孩子价值感的利刃。

“你必须……”“一定要……否则就完了”“绝对不可以”读一遍这些句式，就让人很紧张、很压抑，甚至很绝望。这些句式的共同特点就是定式思维、缺乏弹性；作为父母，要学会“更多可能”的沟通方法，可进可退，孩子就会不再抵触与父母的沟通。

沟通时要拆墙建桥，主要方法如下：

（1）给孩子提供更多的选择；

（2）仅仅给孩子参考而非答案；

（3）接纳孩子的不同观点；

（4）给孩子面子，用肯定来纠正；

（5）时机不对，不聊对错；

（6）不能仅盯着孩子看，更要时常反思自己。

家长的每一句话都可以是青春期孩子的“加油站”。让我们共同做家庭关系的赋能者，而不是负能者；对孩子产生影响力，而不是干扰力；做孩子人生的灯塔，而不是乌云。祝愿每一个孩子的青春期都能得到家长最好的支持与滋养赋能。

摘自《父母对话青春期》（有改动）

王艺霖，台海出版社

（二）推荐书目

1.《青春期是父母的必修课》（王剑飞，当代世界出版社）

青春期的孩子会出现大量的困惑与焦虑，也会与父母产生很多矛盾和冲突。本书详细讲解了青春期孩子的心理需求以及独立自主、个性与独特、冒险与挑战、竞争与合作、成功与挫败等五大发展主题，引导父母理解孩子的正常成长诉求，知晓青春期孩子的基本行为模式，与孩子一起见证青春期的突变与美好。

2.《与青春期和解：理解青少年思想行为的心理学指南》（〔美〕劳伦斯·斯坦伯格，人民邮电出版社）

为了帮助家长顺利应对孩子的青春期，作者对青春期进行了创造性的划分——前青春期、青春期早期、青春期中期以及成年过渡期，把青春期的定义扩展到 25 岁。根据每个阶段的心理特点，讲解了与青春期有关的脑科学、神经科学、心理学、社会学、教育学的最新研究成果，并且辅以几十个鲜活的青春期案例，为青春期孩子的家长提供切实可行的建议和科学的指导。

悦纳自我

学会为自己点赞——提高孩子的自信心

一、指导目标

（1）帮助家长认识自信心及其影响因素。

（2）指导家长把构建积极自我的方法传授给孩子。

（3）助力家长提高孩子的自信心，帮助孩子发现自我优势。

二、现状分析

中国有着独特的“自信”文化传统，一代伟人毛泽东曾发出“自信人生二百年，会当水击三千里”的呐喊。自信是个体对自己的积极肯定和确认程度，是对自己能力、价值等做出正向认知与评价的一种相对稳定的人格特征。

初二的孩子，身体和心理都在向成熟发展，随着生理的快速发育与自我意识的高涨，个体对自我评价非常关注，有了自信与自卑感，并在与他人的互动过程、社会比较、自我比较中获得了大量信息，进一步整合认知，逐步形成稳定的自我概念。如果自我概念较低，会阻碍孩子前进的步伐，妨碍孩子发挥自己的潜能。初二的学生进入青春期，还不能准确评价自己，常常因为自己偶然的失利，而觉得自己糟糕至极，或者因为几次的成功，就觉得自己非常厉害，所以在初中生身上常常表现出傲慢和自卑两种极端的状态，这在成人看来非常矛盾，这也是这一时期的特点。

心理学家阿德勒在《超越自卑》一书中指出，每个人都会有自卑，消除自卑感最好的方式就是建立优越感，积极、乐观地面对生活中的困难。班杜拉在自我效能感理论中提到，影响自信的因素有个人成败经验、替代经验、个人情绪等，成功的经验越多，面对困难越自信，也更相信自己是可以解决困难的。原北京市十一学校校长李希贵曾说过：“教育最大的成功是培养出自我悦纳、充满自信的学生。”每个人都有自己的优势和不足，关键在于我们如何看待这些优势和不足。初中生正处于自信心发展的关键阶段，在这一时期，结合孩子的认知特点，最有利于培养孩子的自信心，成就美好人生。

三、故事聚焦

走出“背叛”的阴霾

关悦，一个文弱的14岁的女孩，在阳光正好的一天，走进了咨询室。关悦坐在了离咨询师最远的位置，嗫嚅着说不出话。在咨询师的询问之下，才得知她被“好闺密”欺骗了，“好闺密”瞒着她和她一直暗恋的男孩在一起了。当咨询师表达了对她的理解之后，关悦哭诉了自己的经历和感受。

关悦一直对自己非常不自信，所谓的“好闺密”曾经也欺骗过她，但是她觉得自己很糟糕，没人愿意和她做朋友，只有这个所谓的“闺密”一直陪伴她。那个男孩是她一直喜欢的人，她不敢靠近，只敢偷偷喜欢，还把自己的小秘密告诉了“闺密”，希望她能保守秘密。但是“闺密”辜负了她的信任，关悦又不舍得绝交，很痛苦，甚至会想伤害自己，只得向咨询师求助。

通过关悦的诉说，可以看出关悦对自己的评价很低，她觉得自己不漂亮、成绩也不好，觉得自己一无是处。但是真实的情况是她是个漂亮的小姑娘，成绩中等偏上，而且非常善良、热心，愿意尽自己所能帮助同学和老师，同理心很强。但是她看不到自己的这些优点，只看到了一些不足就以偏概全。通过了解关悦的家庭教养方式得知，关悦的父亲非常严厉，对她的成绩要求很高，稍有不足就会用简单粗暴的方式来对待关悦，打骂是家常便饭，从而导致关悦遇到问题很懦弱，觉得很多问题自己都解决不了。

咨询师在平复了关悦的情绪之后，帮助关悦重新认识自己，找到自己的优势，用成长型思维去看待自己遇到的挫折。咨询师第一时间和家长取得联系，与家长商量改变家庭教养模式，对孩子多鼓励，少用一些负面评价，对孩子多一些宽容，给她一些选择的权利，尊重孩子的主观意志，家长也做出了相应改变。经了解，关悦一直很喜欢小动物，家长与关悦商量后，带着她去领养了一只小狗。关悦在家校共同努力下，慢慢自信、乐观起来。

四、剖析根源

（一）家庭教养方式不当

家长是孩子的第一任老师，家庭的教养方式、家长对孩子的评价都会对孩子产生巨大而深远的影响。关悦的父亲对关悦的很多否定的评价——"你怎么那么笨，说了那么多遍还是做不好""你看看人家的孩子，怎么就你这么不争气""给你花了那么多钱，学习还是那么差，我们那么不容易都是因为你"等等，都可能严重挫伤孩子的自尊心，使其产生自卑感。

夫妻关系的好坏也影响着孩子，夫妻之间关系紧张、经常互相指责，孩子的感受是非常糟糕的。当家庭的氛围是冷冰冰的、充满火药味的，孩子会胆小怕事，时刻担惊受怕。孩子总是被父母当成"出气筒"，无缘无故被打骂，就会觉得自己没有存在的意义，也就很难有自信。

关悦的父亲简单粗暴地对待孩子，遇到问题非打即骂，孩子就会养成面对问题选择逃避的习惯，她又怎么会迎难而上呢？关悦的父亲还总喜欢说"别人家的孩子"如何如何优秀，关悦哭诉父亲总喜欢把她和别人家的孩子比较，虽然她已经很努力了，但是似乎永远达不到父亲的要求，产生了一种深深的无力感。

（二）采用固定型思维思考问题

自信心是由成功经验不断累积出来的，生活和学习上不断成功，可以提高一个人的自信心。一个人对自身价值的信念都是根据以往的经验不自觉形成的。但一个人如果总是遭遇失败，而且每次失败后周围人对他的评价都是负面的，觉得他一事无成，他就很容易觉得自己不能应对挑战和困难，在面对困难时首先选择的是回避问题，不敢轻易尝试，这就是固定型思维。当孩子相信自己的才能是固定不变的，觉得自己只能处于这一水平时，就很容易产生挫败感。经常被夸“聪明”的孩子，也有可能不能接受挑战失败，怕让别人觉得自己不够聪明，从而失去成就感。关悦思考问题的方式通常是固定型思维，觉得自己没有能力，很多事情解决不了。

（三）消极的自我认识

每个人都有他理想的自我和实际的自我，实际的自我又分为主观的自我和客观的自我。如果主观的自我远低于客观的自我，那么这个人就会缺乏自信，他往往自我认识不足，过于低估自己。初中生的自我概念受到外界影响较大，几次失败就会极度否定自己，几次成功又可以重拾信心。这一时期也是自我概念形成的关键期，所以消极的自我评价、较差的自我概念都对孩子的自信心有着糟糕的影响。

关悦对于自我的认知就非常低，觉得自己很失败，一事无成，尤其是又遭受了自己“好闺密”的背叛，“心仪男生”的不接受，这些事情对她的打击都是毁灭性的。

五、指导策略

（一）民主平等的家庭教养方式

民主平等的家庭中，夫妻之间彼此尊重、相处融洽，孩子感受到的是“严母慈父”，生活当中母亲对孩子有约束、有规则，但是父亲要温和一些，可以给孩子讲道理。在家庭中尊重孩子，而不是否定孩子，或是没有事实依据地随意夸奖孩子，要真正去聆听孩子的心声，给孩子选择的权利，让孩子在家中有话语权。要平等沟通，让孩子感受到被需要。对孩子要赞美和鼓励多一些，自信的孩子一定是“夸”出来的，孩子一定有某一个方面做得很好，应从这一方面鼓励、肯定孩子，树立孩子的自信心。

例如，孩子数学学得不好，历史学得非常好，就可以肯定、赞美孩子这一点，让孩子从历史学科的学习上找到自信，并将这种自信的感觉迁移到其他各个方面。

（二）用成长型思维构建积极自我

积极心理学更关注的是人的潜能，找寻人生的意义，帮助初中生构建积极的自我，有助于使其拥有稳定的自尊、充足的自信和持久的自爱的能力。积极的自我指个体对自身整体性的评价更倾向于正面的、积极的。培养孩子的成长型思维，成长型思维能增强孩子应对挫折的韧性、创造价值的内驱力，进而提高他们的学业成绩，帮助孩子建立起积极的自我，为自己点赞，成为更自信的自己。

成长型思维就是认为自己的能力是可以通过努力来提升的，会去积极地寻求解决问题的办法，向前看，向目标看，面对问题时会找方法解决而不是下结论。当面对困难时，拥有成长型思维的孩子，会更愿意不断挑战、尝试，不轻言放弃，面对挫折更有韧性。

对于关悦，除了要在学校的心理课上学习成长型思维的知识外，课后也要多加练习，将自己的固定型思维替换掉。家长夸奖关悦时应该说孩子“努力”而不是将重点集中在“成绩”上，比如“你有丰富的历史知识，平时一定阅读了很多书籍”，“你在唱歌比赛中获得了名次，你一定很努力”。

（三）帮助孩子发现优势

塞利格曼认为人有 6 大美德 24 种优势。

关悦的积极品质就是真诚、热爱学习、宽容和感恩，应让她看到自己的闪光点，并将优势不断发展、锻炼，成就更优秀的自己。

六、实践思考

（一）思考题

什么是成长型思维？

【参考答案】

与固定型思维相对应，成长型思维认为人的能力是可以改变的，遇到困难会去寻找解决办法。

（二）情境题

小兰对自己的外貌很没有信心，其实她是个很文静的女孩，而且擅长古筝，学习成绩也属于中上，但是她始终觉得自己脸上有青春痘非常丑，所以回避和同学交往，更愿意自己一个人独自待着，作为老师应如何帮助家长引导小兰正确看待自己？

【参考答案】

肯定小兰的优点，帮助小兰找到自己的优势。

（三）案例分析题

小旭是一名初二学生，因为觉得自己身材矮小，很自卑，不愿意和别人接触，在班上没有好朋友，总是独来独往，父母平时忙于工作和小旭交流较少，作为班主任您会为小旭的家长提出怎样的建议呢?

【参考答案】

①肯定小旭的感受，理解他的情绪。②鼓励小旭敞开心扉，多和别人交朋友。③肯定小旭的优点，帮助小旭找到自己的优势。④帮助小旭用成长型思维看待困难和挫折。

（四）亲子实践活动

请家长和孩子一起坚持打卡 21 天，改变自己的固定型思维，并将自己所做的努力记录下来。

一个行为的习得一般至少要用 21 天。家长可以和孩子一起就各自的一个需要改变的行为坚持 21 天。比如，家长的一个固定型思维——“我不敢开车上路”，孩子的一个固定型思维——“我不善于快速组织语言，所以上课不敢举手发言”，一起找到办法去改变，亲子互相监督打卡，成功之后，彼此都可以更有自信去面对困难。

七、智慧分享

（一）学习资料

给孩子最好的礼物——成长型思维

2006年，斯坦福大学的行为心理学教授卡罗尔·德韦克（Carol Dweck）出版了一本名为《思维模式：新成功心理学》（*Mindset*: *The New Psychology of Success*）的书。在这本著作中，德韦克总结了自己30多年的研究成果，她详细说明了在该研究课题中发现的简单而有力的两种思维理论，并将它们命名为固定型思维（fixed mindset）与成长型思维（growth mindset）。

固定型思维：相信我们出生时带有固定量的才智与能力。采取固定型思维的人倾向于回避挑战与失败，从而剥夺了自己过上富于体验与学习的生活。

成长型思维：相信通过练习、坚持和努力，人类具有学习与成长的无限潜力。采取成长型思维的人能够沉着应对挑战，他们不怕犯错或难堪，而是专注于成长的过程。

这两种对立的思维模式——固定型与成长型存在于我们每个人的身上。在对待我们生活中的各个方面时，是选择成长型思维的视角，还是固定型思维的视角，会产生巨大的不同。德韦克在《思维模式：新成功心理学》中指出：所有人在生命之初都有着成长型思维。事实上，婴儿是成长型思维的典范。他们不在乎自己说的话是否有意义，因为他们正在学习说话。如果他们走了几步之后摔倒了，他们会立刻站起来，因为他们正在学习走路。

“是什么终结了这种生机勃发的学习状态？”德韦克在书中问道，“是固定型思维模式。一旦孩子们能够评价自我，有些孩子就会变得惧怕挑战，他们会害怕自己不够聪明。”

摘自《成长型思维训练》（有改动）

［美］安妮·布洛克、［美］希瑟·亨得利，上海社会科学院出版社

养育有安全感的孩子

研究表明，至少与一名成人建立安全型依恋的孩子在学校表现得更好，其交友能力、身体健康状况也更好，在一生中也会拥有更多亲密、持久且融洽的人际关系。在作为临床治疗师帮助人们解决各种难题时，我们开始意识到，许多问题的根源就在于童年缺乏安全型依恋。童年时期没有他人给予足够的陪伴会导致孩子在成人后无法获得令人满意且亲密的人际关系。他们在自我怀疑中不断挣扎，在工作中总是表现不佳或是争强好胜。这样的人会因为压力过大出现健康问题，或一直以来都对生活和亲密关系感到不满。如果在童年时期没人帮助他们管理并了解自己的需求，那么他们在长大后就很难控制自己对成功的渴求，无法了解自己想要什么，也会在做选择时遇到困难。

摘自《养育有安全感的孩子》（有改动）

〔美〕肯特·霍夫曼、〔美〕格伦·库珀、〔美〕伯特·鲍威尔，等，

机械工业出版社

（二）推荐书目

1.《唤醒孩子的人格自信》（尚宗奎，北方文艺出版社）

在当今社会，怎样教育孩子已成为人们探讨的一个话题。但什么样的教育方法比较直接有效，却又是人们苦苦思考的一个问题。《唤醒孩子的人格自信》从教育心理学角度讲了100多种培养、教育孩子的方法和技巧，具有很强的可操作性、知识性，作者提供了新的语言沟通方法和教育方法，让老师和家长给予孩子更少的训斥和责备以及更多的合作。假若你还没有找到培育孩子自信的方法，那么，你可以翻翻这本书，看一看高手如何为你支着儿。

2.《家庭教育：给孩子成长的力量》（张蕾，青岛出版社）

对于处在成长期的青少年来说，逆商教育具有非常重要的意义，因为他们敏感而脆弱，容易产生一些心理困扰和认识误区，情绪容易波动起伏。由挫折所产生的心理反应，称为挫折感。耐挫力的提高对于个体成长

有着不可忽视的作用，它有利于健康人格的养成。从孩子的长远发展来看，情商比智商重要，逆商又比前两个更重要。孩子对于挫折的认知和公平的诉求能力还不足，无法客观地评价和面对，此时需要成年人的疏导和帮助，若长时间不能缓解，会造成“习得性无助”。

参考文献

[1] 孙军玲．初中生自信心现状调查及干预研究 [D]. 石家庄：河北师范大学，2017.

[2] 阿尔弗雷德・阿德勒．超越自卑 [M]. 墨晔，译．北京：北京理工大学出版社，2017.

[3] 尚宗奎．唤醒孩子的人格自信 [M]. 哈尔滨：北方文艺出版社，2020.

[4] 安妮・布洛克，希瑟・亨得利．成长型思维训练 [M]. 张婕，译．上海：上海社会科学院出版社，2018.

[5] 肯特・霍夫曼，格伦・库珀，伯特・鲍威尔，等．养育有安全感的孩子 [M]. 李紫嫱，译．北京：机械工业出版社，2020.

[6] 张蕾．家庭教育：给孩子成长的力量 [M]. 青岛：青岛出版社，2019.

媒介素养

手机自控有节制——帮助孩子合理使用电子产品

一、指导目标

（1）帮助家长明晰孩子沉迷于手机和沉溺于网络等问题及危害。

（2）指导家长全面了解孩子痴迷网络的现实根源。

（3）助力家长采取科学有效的方法，帮助孩子学会有节制地使用手机等电子产品，促使孩子健康快乐成长。

二、现状分析

随着信息科学技术的高速发展，网络对青少年学习和生活的影响越来越大。第 47 次《中国互联网络发展状况统计报告》显示，截至 2020 年 12 月，我国网民规模达 9.89 亿，已占全球网民的五分之一；互联网普及率达 70.4%，高于全球平均水平。现如今手机等电子产品已经成为中学生最亲密的“伙伴”，精彩多变的网络已成为学生学习知识、获取信息、交流思想、休闲娱乐的平台。

网络是一把双刃剑。网络上大量的信息为中学生的学习生活提供了丰富的资料，加速了信息获取，丰富了课余生活，增添了生活情趣。但网络不仅仅是一个 Wi-Fi、一条网线，还具备社交、娱乐、休闲、竞技、阅读等功能，这个虚拟世界五光十色、应有尽有。中学生好奇心强，处于心理和生理的躁动期，自控能力较弱，对信息的甄别和过滤能力不足。很多中学生不能合理使用手机等电子产品，容易极度迷恋网络和游戏而患上医学所说的“互联网手机成瘾综合征”。

常见的中学生沉迷于手机的问题及危害有以下几方面。

（1）机不离手，亲情疏远。网络游戏惊险刺激，网络交友轻松自如，网络视频极富吸引。孩子们每天总想玩手机，不愿与家长沟通，亲情淡漠。

（2）沉迷游戏，无法自控。部分孩子意志薄弱，沉迷游戏，荒废学业。个别孩子人生观、价值观发生了错位和扭曲，甚至走上犯罪道路。

（3）影响学业，诚信缺失。部分孩子将手机偷偷带入课堂上课玩，影响听课效果。还有部分孩子利用手机考试作弊，不讲诚信。

（4）网上交友，上当受骗。部分孩子喜欢通过网络交友，与网友聊天、通话甚至会面，让一些不法分子有机可乘，导致其上当受骗。

（5）视力下降，危害健康。孩子长时间使用手机等电子产品，会导致视力大幅度下降，还会引发孤独、冷漠等心理自我“闭锁”，甚至还会导致身体素质下降。

为保护孩子视力，应防止孩子沉迷网络和游戏，促进孩子身心健康发展，教育部办公厅于 2021 年 1 月印发了《关于加强中小学生手机管理工作的通知》，教育部办公厅等六部门还于 2021 年 10 月印发了《关于进一步加强预防中小学生沉迷网络游戏管理工作的通知》，要求学校加强校内管理和家校沟通，家长要切实履行监护责任，形成家校协同育人合力，拉回迷失在网络里的孩子们。

三、故事聚焦

现实生活比网络世界更美好

深夜，窗外的星月微光交映。屋内通明的灯光下，一个男孩的手机屏幕上呈现出金灿闪烁的游戏“成功”标识，男孩的脸上充盈着扬扬得意的自豪神情。这款使孩子在深更半夜还深陷其中不能自拔的网络游戏正是风靡青少年群体的《王者荣耀》。自从男孩迷上这款游戏，一件令人头疼的事情打乱了一家人忙碌的生活节奏……

男孩名叫小杰，是一名九年级的学生。小杰自幼性格内向，不善言谈。小杰的爸爸是公司的业务员，大部分精力投入在业务上，小杰的妈妈在网上开服装店日夜卖货，夫妻二人平日都疏于陪伴照顾孩子。今年寒假小杰提出想拥有一部手机作为学习工具，父母便购买了新手机作为生日礼物送给孩子，没想到这个礼物却成了“祸端”。五月中旬的一天，内心焦虑不安的小杰父母来到学校向班主任李老师进行求助。

小杰的爸爸悔恨地说：“李老师，我们现在真的没有办法了。给孩子买了手机后，他便沉迷用手机上网。每天早上睡醒，要先玩会手机；写作业时要边写边玩；睡觉前不玩手机就睡不着觉。之前我还和他妈妈讨论过，孩子九年级了，学习压力大，玩会儿手机放松一下也挺好的，我们大人平时不也手机不离手嘛。但没想到他如此沉迷网络游戏，假期的作息时间更是黑白严重颠倒。”

“孩子现在都不想上学了，”小杰的妈妈有些哽咽地说道，“因为开学两个月来，孩子痴迷玩手机无法自控。我不让他玩，他哭着告诉我游戏的胜利能使他产生荣耀感和团队配合的满足感，带给他与现实生活不一样的感觉。我觉得这太虚幻，太耽误学习了，想收回他的手机，可他拒绝上交。我一气之下便掐断家里的网线，强行夺回了手机。没想到孩子这么倔，不仅不学习甚至连学校都不愿意来了，我们真不知道该怎么办了！”

听到这里，李老师深深理解小杰父母的焦灼，也把自己内心的想法表达出来：“小杰是一个性格比较内敛又不太爱说话的孩子，平时在家里与父母沟通较少，在班里也不愿与老师和同学交流，没什么朋友。学习中遇到困难问题不会及时找老师解决，导致成绩也不理想。久而久之就加重了孩子的自卑心理，觉得大家都不喜欢他。我问过小杰为什么喜欢网络，他说因为网上有好多他的好朋友，遇到困难可以和他们倾诉，他们能给予他帮助和安慰，自己特别喜欢这种感觉。”

与家长共同商讨后，李老师和心理老师多次与小杰谈心，疏导他的心结并联合其他学科的老师帮助小杰解决学习上的困难；同时让班里性格开朗的同学多与小杰聊天做朋友。小杰父母也转变了教育方式，在工作之余多陪伴鼓励孩子；正确引导小杰对手机进行合理使用而不是盲目收回；带他进行一些参观旅游和实践体验活动，感受现实生活的幸福快乐。

慢慢地，小杰的成绩开始提升，也拥有了可以分享心事的好朋友，网络世界对小杰的吸引不再强烈。因为小杰发现，原来现实生活能够比网络世界更美好。

四、剖析根源

九年级学生处在生理、心理飞速变化的成长阶段，独立意识和自尊心增强，开始追求成人感，寻求掌控感。但他们自我控制力较差，一旦迷上某些事物就难以自拔。小杰沉迷游戏是问题的外在症状，下面我们一起来探究问题的本质根源。

（一）缺乏规则教育意识导致手机自控能力弱

小杰的父母对网络游戏的危害缺乏足够的认知。给孩子买了第一部手机，没有建立教育规则意识，没有同孩子讲清手机的合理使用方式。孩子处于没有约束、没有监管、没有自控的状态，频繁玩手机导致无法自拔。但是发现孩子痴迷手机出现问题时，小杰妈妈的教育方式又极其简单粗暴，不能理解孩子，缺乏有效沟通，导致亲子矛盾严重升级。

（二）现实的不如意致使孩子染上网络社交依赖症

小杰因为是独生子女，性格内向，与同学关系不融洽，内心深处感到孤独寂寞。在社交平台和网络游戏平台上，小杰有很多“好友”和“队友”可以随时聊天、交流心事、一起玩耍。小杰在现实生活中不善于向别人倾诉自己的困惑，得不到大家的关心，而在网络中能找到倾诉对象，寻得帮助和安慰，就会在虚拟世界寻找依赖，寻找情感共鸣者，进而深陷其中不能自拔。

（三）游戏中体验到现实无法满足的归属感和成就感

心理学家指出：人最重要的基本需求就是归属感。归属感实际就是自我价值的肯定。对初中生来说，他们自我意识强烈，需要被人认同和关注。

小杰面对残酷的学习竞争，从未得到过肯定和赞誉，他的成功需求得不到满足。游戏给了孩子一个个小目标，他们花心思去谋略，在游戏中一路过关、晋级，就像个过关斩将的英雄，成就感得到满足。网络游戏还让孩子体验到了团队合作的快乐，满足了孩子人际交往与团队归属的需求。很多时候与其说孩子是沉迷于游戏，不如说是沉迷于受困于心的“英雄情结”。游戏满足了孩子的好奇心，提供了虚假的成就感，使人感到兴奋，导致部分孩子陷入网瘾无法自拔。

（四）家长的忽视及消极示范效应导致孩子沉迷网络

身教胜于言传。在这个互联网高度发达的时代，几乎人人皆是网民。小杰的父母本身就是“机不离手”的低头族，经常利用手机上网卖货、聊天、看影视剧、刷抖音等，从不避开孩子的视线，给孩子做了反面的“榜样”。孩子目睹了父母整日沉迷于网络的样子，再多的说教也难以达到想要的教育效果。还有些家长因为工作忙，常常把手机当“电子保姆”，让视频和游戏陪伴孩子长大，从而导致孩子迷恋手机和网络。

五、指导策略

家是开启智慧、塑造品行的摇篮，家长希望孩子能像小树一样在阳光雨露的滋润下健康、茁壮地成长。孩子沉迷手机和网络，不是强制收回手机、掐断网络就能完全禁止的。与其严防死守，不如理性思考：如何让孩子能够面对诱惑持身自控，做到有节有度，防止其沉溺于网络虚拟世界。下面送给大家四个智慧小锦囊。

（一）制定家庭规则，提升自控监管能力

没有规矩不成方圆。家长和孩子都应该有手机使用规则意识，家长给孩子买手机后最该做的事情是价值引导和规则约束。

孩子有了第一部手机，家长要与孩子一起民主制定家庭规则，鼓励孩子进行自我约束，签署手机使用协议，协议应包括什么时间可以使用手机，家里的“存放手机专用区”在哪里（将父母和孩子的手机都放到专区），可以玩手机的时间，违反规则的处罚，等等。在家里不能绝对禁止孩子玩手机，也不能纵容孩子无限制地玩手机。这样孩子更容易遵守协议约定的内容，有节制地使用手机。

（二）善用肯定式教养，拉回在网络中寻求慰藉的孩子

许多父母的教育方式过于简单，或对孩子霸权强制，或对孩子严厉高压，或对孩子冷淡忽视，或对孩子溺爱放纵。很多孩子由于在现实生活中得不到充分激励和认可，因而沉迷网络世界寻求替代，进而导致网络成瘾。

作为家长要善用肯定式教养，不做孩子的差评师。父母要尽力满足孩子在成人关系中的依恋渴望，要多和孩子进行交流、沟通，让孩子感受到安全感和亲密感。还要真诚聆听、认可孩子的想法，多赞赏孩子的点滴进步。及时了解孩子遇到的困难和挫折，帮助他们正确分析、有效克服。更要时常激励孩子的自控表现，让孩子对自己的自控力产生信心，使他们不需要从网络中寻求慰藉及依赖。

（三）丰富“精神大餐”，避免痴迷网络

中学生的内心犹如一片广袤的田野，只有种上一片金灿灿的“水稻”，才能防止田野中长出“杂草”。日常生活中，注重满足孩子的人际交往、团队归属、成就体验等方面的需求，是减轻他们对网络依赖的有效途径。

很多家长觉得孩子是喜欢上网才厌烦学习，但实际上不少孩子是因为厌烦学习才沉迷网络的。尤其在实施“双减”的当下，家长要注重创设异彩纷呈的课余生活，让孩子们把更多精力放在提升道德素养、强身健体、家务劳动、公益实践等活动中。父母应增亲子之情，享假日之乐，升健康之能，育博雅之趣。多同孩子一起读书、运动、做家务、参加公益实践活动，带孩子走亲访友、全家旅行、参观有教育意义的纪念场馆等，让丰富多彩的现实生活吸引孩子。

（四）注重自驱引航，助力孩子赢在网络时代

在心理学中，有一种现象叫做禁果效应，它是指越是被禁止的东西，人们越想得到手。对孩子沉迷网络的行为，教育宜疏不宜堵。老师和家长都应成为“青少年网络导航员”，对网络现状和存在的危险。如何把握上网尺度、如何进行上网自我监控和自驱自律管理等进行“导航”。家长的理性思考和爱的指引，会让孩子真正懂得：适度游戏益脑，沉迷网络伤身；学会有效甄别，谨防受骗上当；手机自控节制，健康学习生活。家长应助力孩子赢在网络时代。

六、实践思考

（一）思考题

请反思一下孩子沉迷手机等电子产品的主要原因有哪些？

【参考答案】

（1）没制定手机使用规则，孩子玩手机无人监控。

（2）父母疏于陪伴，与孩子沟通少。

（3）父母经常玩手机，起到消极示范效应。

（4）孩子或学习不太好，或平时得不到鼓励与夸奖，沉迷网络游戏寻求成功自豪感。

（5）孩子课余活动少，知心朋友少，兴趣爱好少，只能沉迷于玩手机进行娱乐消遣。

（二）情境题

在“网络的利弊”亲子家庭情景辩论会上，对孩子提出的家长如何看待玩网络游戏的问题，您会如何向孩子科学、合理地解答？

【参考答案】

对手机等电子产品的使用要有规则和“度”。可以玩一些益智游戏等，但不能玩暴力游戏，更不能沉迷于网络游戏无法自拔，要能自律自控、有节制地使用电子产品。

（三）案例分析题

强强升入初中后，为了方便联系，强强妈妈给强强买了一部新手机。强强整天用手机玩游戏，渐渐地不爱学习、不爱交友、不愿与父母沟通了，强强妈妈很是焦急。请分析强强沉迷于手机游戏的原因，讨论应如何拉回痴迷在网络中的强强。

【参考答案】

（1）家长和孩子应该有手机使用的规则意识，家长给孩子买手机后，要从价值引导和制定规则双管齐下，正面引领教育，让孩子合理、自律地玩手机。

（2）家长要运用“优势视角”，发掘孩子的优点，善用肯定式教养。将他们从游戏中获得的自豪感、满足感转移到现实生活和学习中。

（3）要丰富孩子的业余生活，注重创设异彩纷呈、有益于身心放松的休闲活动，如劳动实践、体育锻炼、美育鉴赏、参观游览及与朋友聊天、散步等。

（4）培养孩子的业余兴趣，包括阅读、唱歌、弹琴、跳舞、书法、打篮球等等。

（5）家长要经常反思自己是否忽视了对孩子的陪伴以及自己是否沉迷于网络，要以身作则，做个好榜样。

（四）亲子实践活动

亲子 21 天手机管理益行卡

心理学研究表明，21 天可以养成一个自律的好习惯，请您和孩子共同完成亲子 21 天手机管理益行卡。

亲子 21 天手机管理益行卡					
手机管理人姓名：		监督见证人：		我的手机自控指数：	
日期	自控指数	手机管理的替代性事件	日期	自控指数	手机管理的替代性事件

二・媒介素养

亲子 21 天手机管理益行卡					
手机管理人姓名：		监督见证人：	我的手机自控指数：		
日期	自控指数	手机管理的替代性事件	日期	自控指数	手机管理的替代性事件
我想对孩子说					

制作说明如下。

（1）这是一个需要坚持 21 天的亲子活动。请家长和孩子共同完成亲子 21 天手机管理益行卡。

（2）自控指数可以用 1—10 的数字表示，也可以用亲子自己喜欢的表情符号个数代表，指数越高代表自控力越强。

（3）手机管理的替代性事件，通俗来讲就是指想玩手机的时候通过做哪些事代替玩手机。

（4）完成亲子 21 天手机管理益行卡后，可用彩笔进行装饰，装饰完成后可召开家庭会议，总结在完成益行卡的过程中，孩子和家长的收获与不足。

大家通过使用益行卡养成自律的好习惯，持身自控，家长进行榜样示范，亲子互相监督，做到有节有度、自控自律地使用手机。

七、智慧分享

（一）学习资料

美国妈妈与孩子制定的手机使用“合约”

美国的一位母亲给儿子买了一部新手机作为新年礼物，同时制定了一份“合约”，指导自己 13 岁的儿子在使用手机的同时要学会自律、有节制，并需要做到 10 条具体要求。母亲制定的“合约”如下。

亲爱的儿子：

新年快乐！我猜你现在一定因为这个梦想中的礼物而兴奋不已。你是一个优秀、有责任心的13岁男孩，妈妈觉得你到了拥有属于自己的手机的年龄了。但是如果接受这个礼物，你就必须做到合约里面的所有要求。因为你年龄还小，妈妈需要通过这些合约告诉你如何正确使用手机，希望你能够自觉遵守并认真履行合约要求。假如你不能做到以下10条要求，那我只能将这部手机收回了。

（1）不带手机进入学校，更不能在课上随意使用手机。

（2）在非重要场合和空闲时间及时接听电话，尤其是爸爸妈妈的电话，不能无故挂断，接听电话时要注意礼貌。

（3）每日手机的使用时间到晚上7点半，节假日手机的使用时间延长到晚上9点，在此时间后如需使用手机需要提供合理的理由。

（4）外出或进入卫生间等携带手机时一定要放置好。如果因为自己的疏忽导致手机丢失或损坏，需要自己承担责任。

（5）在公共场合使用手机要注意文明，及时调成静音或关机放起来。特别是在餐馆、影院或者和别人说话的时候，不要对他人产生影响。

（6）不要用手机做一些不合规定甚至违法的事情，不要给自己和他人带来伤害。

（7）不准用手机浏览非法网站、色情网站，遇到问题可以向爸爸妈妈或者是其他亲近的成年人进行询问。

（8）对手机的使用要有“度”，可以偶尔玩一些单词游戏或者脑筋急转弯等益智游戏，不能沉迷于网络游戏。

（9）要对现实生活充满兴趣，时常出去散步、旅游或者和朋友交流。选择更有益于身心健康的放松休闲方式，对现实生活的兴趣要大于对网络的兴趣。

（10）如果因为使用手机而影响到学习或日常生活，爸爸妈妈有权利随时收回手机。

以上10条是你我之间的真诚约定，也希望成为你即将踏入这片广袤无垠的网络世界的指明灯。妈妈相信你有着强大的意志力，也相信你自己可以规划好对手机的使用。希望这部手机能丰富你的生活，给你带来更大的帮助。爱你，我亲爱的儿子。

（二）推荐书目

《中小学生沉迷网络的预防与教育》（徐瑛，天津教育出版社）

本书通过贴近学生生活和教育实际的案例，剖析了中小学生沉迷网络的各种因素，能够让家长和孩子正确认识网络，科学戒除网瘾，让孩子赢在网络时代。

法治教育

守法自护远欺凌——教育孩子远离校园暴力

一、指导目标

（1）帮助家长了解校园欺凌的危害、成因以及干预举措。

（2）指导家长掌握和运用科学的教育和引导方法，教会孩子分辨校园欺凌，具备初步的预防和抵制校园欺凌的能力。

（3）引导家长培养孩子的法治观念，并将法治观念深植孩子心中。

二、现状分析

当今社会校园欺凌偶有发生，它不仅会对受欺凌者造成严重的身心伤害，也会影响学校的安全稳定，甚至阻碍社会的和谐发展。校园欺凌，有的用肢体方式，对受欺凌者推推搡搡、拳打脚踢，甚至抢劫其财物；有的用言语方式，当众讥笑、谩骂受欺凌者或为受欺凌者起侮辱性绰号等；有的以社交孤立方式，故意拉帮结派冷落受欺凌者；有的用网络暴力方式，散播对受欺凌者有害的言论、恶搞并传播其照片等。肢体欺凌和网络欺凌较容易被察觉，社交欺凌和言语欺凌不容易被察觉。校园欺凌通常是一个反复发生的事件，而不是某一次的突发事件。如果这些端倪能尽早被发现，及时被干预，就不会对遭受欺凌的孩子产生持续而严重的创伤。

当前校园欺凌存在两个较为突出的问题，具体内容如下。

一是校园欺凌与玩笑在生活中不容易区分。很少有孩子能够准确而警醒地意识到自己身边正发生着校园欺凌，他们往往把欺凌当成开玩笑、打打闹闹。家长则更关注暴力的肢体冲突，对无形的精神欺凌关注不多。普通的玩笑，孩子通常是无心的，并没有明确的欺负意图。倘若对孩子造成了很大的精神困扰，影响其正常上学；或者类似事件经常发生，那么就不是简单的玩笑行为，而是校园欺凌（校园欺凌是指发生在学生之间，一方故意通过肢体、语言及网络等手段施行欺压、侮辱，对另一方人身健康、财产或者精神造成损害的行为）。

二是被欺凌者还会遭遇到二次伤害。通常欺凌者不觉得自己有错；受欺凌者胆小沉默、不敢抵抗；多数家长认识不到欺凌一般是持续的、反复的。尤其是家长和老师对孩子身体没病却不想上学、入睡困难、噩梦连连等置若罔闻，或是简单处理，这些往往会对孩子造成二次伤害。受欺凌者觉得没有人能真正帮助自己，持续地被欺凌导致其身心备受煎熬。一旦受欺凌者以暴制暴或消极沉沦，不仅不能保护自己，可能还会带来更多问题，甚至触及法律的底线。

家庭和学校一定要合力为孩子撑起一片充满阳光的安全天空，肩负起保护孩子的使命。

三、故事聚焦

面对校园欺凌

小雨文静秀气，成绩优异，一直是家长和老师眼中的乖乖女。一天午休时间，小雨哭着敲开了学校心理辅导室的门，讲述了自己一年来的痛苦经历……

小雨：老师，李华子同学又给我写来一封情书。我拒绝过他好几次了，我真是不知道该怎么办！

老师：你要明确告知他你的态度，保持同学间的正常交往。

小雨：我真的很苦恼，快给我出出主意。

老师：请你来和老师说一说到底发生了什么。

原来，小雨和同学小涵吐槽过这件事，小涵还嘲弄小雨是在炫耀。小涵因此嫉妒小雨，李华子又因多次被小雨拒绝觉得没面子，他们经常把小雨的事添油加醋地讲给同学们听，还悄悄“下令”让同学们都不要跟小雨玩。后来，总有同学当着小雨的面冷嘲热讽——“情书真多啊！”“狐狸都修炼成精啦！”被人孤立、嘲讽的场景，几乎在小雨上学每一个的日子里都会上演。去厕所回来，小雨的书本经常是散落在地上的，偶尔还会有水洒在她的课桌椅上。同学们都不愿意和李华子同学作对，也不想给自己惹麻烦，他们当着老师的面很守纪律，老师也没有发现过。

小雨：我开始失眠、头疼、怕上学。他们刺耳的话，扎在我的心上，很痛很痛。我父母平时很忙，对我的关注就是学习成绩。我不敢上学，就找理由说身体不舒服，但也检查不出什么毛病。由于总缺课，我的成绩退步很大，父母就认为我是在装病逃学。

老师：逃避是解决不了问题的，只有想办法寻求帮助、勇敢面对，才能让自己真正走出困境。

今天早上小雨忍着胃疼来上学。吃过午饭，胃特别难受，总想吐。但是身边几个女生却笑着嘲讽，说“哟！这恐怕不是胃病吧！到医院查查吧”。同学们的笑声击垮了小雨的最后一点自尊，她这才到心理辅导室寻求帮助。一年多被欺凌的日子，小雨都默默独自吞下了苦果。

老师：小雨，不要担心，辅导室是安全的。你能找到老师，说出你的痛苦，你很勇敢，老师给你点赞。朋友是不会做出故意伤害对方的事的，任何人任何方式的欺凌行为都是不能容忍的，面对任何人任何时候的越界的言行都要大胆拒绝，捍卫自己！老师会帮助你的，你也要学会守法自护，远离欺凌……

四、剖析根源

校园欺凌危害深，影响大，其产生既有主观原因，也有家庭、学校、社会等客观缘由。这里主要阐述学生自身以及家庭因素的影响。

（一）学生自身原因

受欺凌者不懂自我保护。像小雨这样受欺凌的孩子，社交能力差，不能很好地融入集体，自卑、缺乏安全感，总是犹豫不决，面对欺凌行为默不作声，不会寻求帮助，不敢反抗，不会保护自己。

欺凌者法治观念淡薄，不遵守纪律，不服从管教，言行放纵，缺乏共情能力，时常以和同学开玩笑为借口实施欺凌行为，并错误地认为未成年人不用负法律责任。

旁观者态度麻木冷漠。校园欺凌的过程中会有一些旁观者，他们制止、关心、帮助的程度不够，不自觉地对校园欺凌的发生起到了推波助澜的作用。一方面，他们有可能在多次观察后不知不觉加入欺凌弱小的组织中，转变成欺凌者；另一方面，他们很可能会形成一种认知定式，认为就应该强者攻击弱者，弱者不加反抗，默默忍受，最终转变成受欺凌者。

（二）校园欺凌的深层诱因——家庭

诸多因素中，家庭成因是最初始，也是影响最大的。不管是欺凌者，还是受欺凌者，他们的行为都能在家庭中追溯到根源。

涉暴的家庭文化。很多参与校园欺凌事件的孩子生活在暴力家庭。比如，欺凌者李华子，爱说脏话，言行无束。李华子的父亲经常喝酒，喝醉了就打妻子，辱骂李华子。从小生活在暴力阴霾下，家人关爱不足，李华子敌意性强、同情心弱，无形中学会用欺凌的手段去征服别人。家长平时管教粗暴，从不主动关心孩子。

失重的家庭教育。小雨的家庭教育偏重智育，漠视孩子的情绪异常，终使孩子受到校园欺凌的长期侵害。

家庭教养方式不当有以下三种。一种是宠溺型教养方式。家长对孩子的错误行为没有及时矫正，孩子容易出现爱心不足、自私、欺侮弱小等问题。二是专制型教养方式。家长独断、严厉，经常惩罚打骂孩子，孩子表面顺从但内心抗拒，冷漠、社交能力差。三是放任型教养方式。在孩子成长的重要阶段，家长没有给予孩子情感上的关注、呵护与陪伴，没有在价值观和行为上给予孩子正确的指导。孩子易自卑、脾气暴躁、逆反、出现交往障碍等。

当然，校园欺凌事件发生的原因远不止这些，还包括网络媒体不加选择地宣扬、不良文化的熏染、成人世界的影响等等。

五、指导策略

良好的家庭教育是预防校园欺凌发生的强有力防线。

（一）**防患未然，用心呵护**

在情感氛围方面，积极构建和谐的家庭氛围，注重孩子身心全面、协调发展，关注孩子自尊等需要。在道德示范方面，父母要明辨是非，知法守法，为孩子树立良好的典范，切勿树立暴力形象。家长和未成年人要一同增强法治观念，学习《中华人民共和国未成年人保护法》和《中华人民共和国预防未成年人犯罪法》等基本法律，教会孩子面对矛盾冲突和校园欺凌时，用强有力的法律保护自己。

（二）**及时发现，倾情帮助**

时刻关注孩子的生活状态和学习状态、心理状态和精神状态，教导孩子要结交益友，远离不良群体。

孩子可能正在经历（或经历过）校园欺凌的信号：①身体有无端创伤。②私人物品常有破损或丢失，零用钱需求增大。③常有身体不适、一要上学就说不舒服（诊断后并无确定的疾病）、逃学等现象。④生活习惯突然改变。难以入睡、噩梦频繁等。⑤情绪异常。常有伤心、沮丧等情绪，不愿谈起学校的事情等。⑥成绩下滑较快。⑦有自我伤害（甚至自杀）的想法或行为。

（三）**保持理性，妥善处理**

当孩子遭受校园欺凌时，应尝试以下做法。

（1）控制情绪，保持理性。不可过度激动，以免自己的焦虑、愤怒情绪传递给孩子，造成二次伤害。仔细聆听，引导孩子在宽松的氛围中把遭遇欺凌的压抑、恐惧释放出来。孩子不想说或情绪不稳时请暂停。如果孩子出现无法正常上学、交往障碍等严重问题，应寻求心理或精神方面的专业人士的帮助。

（2）查清事实，理智判断。第一时间联系老师，进行多方面了解。包括涉事人员、地点、时间、经过、有没有人使用暴力（武器）、有没有涉及个人隐私等。

（3）及时沟通，安全处理。先由班主任老师协调处理，安抚好受欺凌者，及时进行心理疏导，协助受欺凌者脱离恐惧、压抑状态，与原来懦弱的自我告别，学会敢于对欺凌说“不”。若问题复杂，受欺凌者伤害过重，要及时上报学校进行综合分析、处理。

当孩子欺凌他人的时候，应尝试以下做法。

（1）明确制止。如果孩子欺凌了他人，要明确告知孩子，欺凌的行为伤害了他人的人格权、生命权，没有任何人有权利欺负他人，要尊重每一个人。

（2）配合处理。不能以“孩子不是有意的”“小孩子都是没轻没重的”来袒护孩子，不辨事实的庇护只会让孩子无视自己的施暴行为给他人带来的侵害。积极配合学校，首先带着孩子诚恳地给受欺凌者道歉。然后教育孩子换位思考，如果自己是受欺凌的人，会有怎样的感受。最后，家长要找出孩子出现欺凌行为的原因，如：家长是否存在靠暴力解决问题的行为，孩子是否接触了暴力的书刊影视，等等。应多方配合最终改变孩子错误的行为模式，让孩子不再欺凌他人。

欺凌不会因为孩子的强悍而继续，也不会由于孩子的忍让而中止。请为孩子穿上防御校园欺凌侵害的保护服！

六、实践思考

（一）思考题

校园欺凌和普通玩笑有什么区别？

【参考答案】

校园欺凌主要指学生在有意或者有明确欺负意图的前提下，通过语言、文字、肢体动作等方式对其他同学进行殴打、骚扰、抢夺财物、恶意戏弄、排挤、孤立等行为。普通玩笑则是学生之间无意的，并没有明确的欺负意图的行为。识别校园欺凌主要考虑以下四个要素：①是学生之间发生的行为；②主观上存在故意，即蓄意或恶意欺负其他学生；③通过肢体、语言或网络等手段实施欺负或侮辱行为；④造成伤害后果。

（二）情境题

小涛性格张扬，总捉弄嘲笑同学小江。胆小的小江从不敢与别人讲。一天，小涛在放学路上再次欺负小江，小江无法控制情绪冲上去，把压抑很久的愤怒用拳打脚踢全部发泄出来，导致小涛住院。

如果您是小江或小涛的父母，该如何处理这件事呢？

【参考答案】

（1）小涛对行为没有约束，不尊重同学，恶意欺凌同学。小江长期被小涛欺负，家长没有及时发现，孩子一直压抑情绪最终导致以暴制暴。

（2）分析家庭原因，关注孩子是不是缺少关爱或者被溺爱，有没有懦弱怕事的情况或者暴力倾向。

（3）初中是校园欺凌行为的高发时期，学生处于身心发展的特殊阶段，而且初中学生大多为16周岁以下，家长和孩子都应了解国家法律的相关规定。

（三）案例分析题

对照五字法推断孩子是否经历过校园欺凌，如果有请进行成因分析，并尝试提出解决方案。

五字法：打（殴打）、骂（讥讽、中伤、贬低）传、（传播谣言、精神攻击）、毁（损毁财物）、吓（恐吓胁迫做不愿意做的事）

【参考答案】

本题为开放性题目。应结合实际情况，帮助孩子分析是否经历过校园欺凌，全面了解情况，对照正文部分分析原因并提出解决的方案。

（四）亲子实践活动

拒绝校园欺凌我能行

1. 守法自护远离欺凌自测（单选题）

（1）同学可能遭受校园欺凌的信号为（　　）。

A. 身体表面无端有瘀伤等　　B. 不愿意上学、装病

C. 不愿意与同学交往　　　　D. 以上选项都是

（2）遇到校园欺凌，不可取的行为是（　　）。

A. 保持镇定，拖延时间，找准时机求救

B. 用异常举动引起周围的人注意

C. 同坏人拼命

D. 保证人身安全

（3）“无以规矩，不能成方圆”是人们在实践中总结出来的至理名言。对此，理解错误的是（　　）。

A. 规则是秩序的根基　　　　B. 公共生活需要有共同的准则

C. 社会生活中处处有规则　　D. 每个人都可按自己的规矩做事

（4）受到校园欺凌时，下列行为不可取的是（　　）。

A. 及时报告　B. 保护自己　C. 保护证据　D. 以暴制暴

（5）以下说法正确的是（　　）。

A. 已满 16 周岁精神正常的犯罪应当负刑事责任

B. 已满 14 周岁不满 16 周岁故意伤害致人重伤或者死亡不负刑事责任

C. 15 周岁吸食毒品负刑事责任

D. 已满 14 周岁不满 16 周岁犯强奸、抢劫罪不负刑事责任

【参考答案】

（1）D　（2）C　（3）D　（4）D　（5）A

2. 家庭模拟情境训练

分角色体验：扮演欺凌者（行为表演适当不可过激）、被欺凌者（可进行适当反抗表演）和旁观者。活动时间为 2 分钟，可用手机录制过程，结束后，播放视频，分享体会和感受。

要特别关注旁观者的干预作用，在面对别的同学遭到校园欺凌时，要在保护好自身安全的情况下采取有效措施（呼喊、找老师等），用善意和真诚帮助受欺凌者和欺凌者。

七、智慧分享

（一）学习资料

校园欺凌及其解决办法

校园欺凌是指同学间欺负弱小的行为，多发生在中小学，由于很多国家实行九年制义务教育制度，因此受害者会长期受到欺凌。欺凌过程蕴藏着一个复杂的互动状态，会造成受欺凌者产生心理问题，影响心理健康，甚至是人格发展。

典型欺凌者具有如下特征。

（1）霸道和冲动，倾向使用暴力欺压他人。

（2）比较以自我为中心，对受害同学缺少同情心。

（3）得到部分朋辈的认同。

（4）行为上比其他同学突出。

被动欺凌者具有如下特征。

（1）看见欺凌者的暴力行为得逞，于是协助及附和欺凌者，有些则借此保护自己，免受欺凌。

（2）看见欺凌者欺凌同学后，则嘲笑受害者无用。

受欺凌者大多具有如下特征。

（1）性格害羞、怕事。

（2）在同学间不受重视，只有很少的朋友，在学校中十分孤单。

（3）缺乏与朋辈相处的社交技巧，言语容易引起同学的不满和反感。

（4）有身体障碍或有智力障碍。

（5）沉默、表达能力不佳。

（6）性格或行为有异于他人之处。

欺负行为主要包括以下特征。

（1）欺凌者明显比受欺凌者强悍，欺凌是在受欺凌者未能保护自己的情况下发生的。

（2）为受欺凌者取侮辱性绰号并传播；指责受害者无知、无用。对受欺凌者用粗言秽语进行言语攻击、喝骂。恶意中伤、传播关于受欺凌者的消极谣言和闲话；强迫受欺凌者长期从事自己不愿意从事的劳动或活动作为隐性惩罚。

（3）对受欺凌者长期实施物理攻击，包括拳打脚踢、掌掴拍打、推撞绊倒、拉扯头发等。

（4）损坏受欺凌者的私人物品，或通过贬低受欺凌者的私人物品来嘲笑受欺凌者。

（5）分派系结盟，以此孤立、排挤受欺凌者，让受欺凌者遭遇麻烦，甚至招致处分。

（6）中伤、讥讽、贬抑受欺凌者，包括体貌、性取向、宗教、种族、国籍、家人等。

（7）敲诈，即强索金钱或物品。

（8）网上欺凌，即在网络上发表具有人身攻击成分的言论。

对受欺凌者的影响主要包括以下几方面。

（1）构成心理问题，影响心理健康，甚至影响人格发展。

（2）影响身心健康，产生恐惧、消沉、抑郁、创伤后遗症、多虑等情况，甚至自己也成为欺凌者。

（3）其他影响：常常缺课，成绩下滑。

解决方法有以下几种。

（1）受欺凌者自身的觉醒和激发保护自己的勇气。坚决让自己的人格与其他人的人格处于平等地位，对不公平事件绝不忍让，不做违背自己意愿的事。

（2）通过增进师生对社会正义问题的理解来解决校园欺凌问题。任何环境和群体中，人与人之间的行为一定要公平合理。

（3）提高交往能力，受欺凌者要通过与同伴的沟通，让大家认识到骚扰、折磨他人是错的。

（4）积极与老师联系。调查发现，欺凌现象发生最多的场所是放学后的走廊和厕所或监控不到的角落等地。因此，受欺凌者要大胆向老师反映，以得到公平的待遇。在问题解决后，一方面可以原谅那些同学，另一方面可以让学校对那些给他人带去身体或心理伤害的学生停课，并为此制定更加明晰的指导原则和程序。

任何形式的欺凌行为都是不可接受的，因为欺凌除了会对受欺凌者造成伤害外，对欺凌者和旁观者同样会造成伤害。欺凌者长期欺负别人，会以自我为中心，对同学缺少同理心等；而旁观者会因为帮不到受欺凌者而感到内疚、不安等。同时也会影响学校的整体纪律和风气。所以，欺凌行为是学校必须正视并加以制止及预防的，当然，同学和家长的配合也很重要。

摘自百度文库（有改动）

（二）推荐书目

1.《如何应对校园欺凌》（〔美〕芭芭拉·科卢梭，华东师范大学出版社）

这是一本非常实用的、用来帮助父母和老师及学生应对欺凌现象的书。书中详细分析了欺凌现象中的三种角色——欺凌者、被欺凌者和旁观者，以及他们各自的行为表现、心理状态以及可能的成因，阐述了每种角色可以如何做出改变，父母和老师可以为孩子提供怎样的帮助和指导。

2.《反校园欺凌手册（学生读本）》（佟丽华，北京少年儿童出版社）

本书为校园欺凌的预防和治理提出了建设性思路，针对不同的读者对象，提出了具体可行的反校园欺凌方案。书中介绍了什么是欺凌、欺凌有哪些具体表现方式、不容忽视的女生欺凌、勇气加油站等丰富的内容，指导性与实用性很强。

审美教育

热爱生活有雅趣——培养孩子健康的审美情趣

一、指导目标

（1）指导家长认识审美教育及其对孩子健康情趣培养的重要意义。

（2）帮助家长通过情境感化、活动带动有效培养孩子的审美情趣。

（3）引导家长克服强势“说教”，以爱润心，激发美的表现与创造。

二、现状分析

审美教育从过去的“有美无学”，到“五育并举”，再到如今受到教育界的普遍重视和关注，地位逐渐提升。但由于审美的抽象感和不具体性、素质考查缺乏相应的专题体现等原因，“作为学生终身发展必备品格和关键能力”的核心素养之一的“审美素养”，常常被家庭教育所忽略。

部分家长认识不到，孩子缺乏高雅的审美情趣，会影响世界观的正确树立、身心的健康成长及未来的学习和生活。他们也认识不到审美教育是对审美情趣、经验、理念、能力等素养的综合培养，是随时体现在生活的各种细节中的，贯穿于衣食住行中的。因此家庭美育经常受到忽视。比如：家长仅出于对孩子未来特长发展和职业选择的需要，让孩子参加某特长班、兴趣班，如书法、朗诵、音乐、舞蹈、游泳、球类等等，而没有时时关注孩子审美情趣的养成教育，未注重多方面审美素养的提升。同时因家庭境况、孩子的个性和兴趣不同，美育任务不同。审美教育未得到全面重视，导致整体的审美素养教育收效不高。

此外，初中生因年龄限制，知识经验不足，大多依靠生活环境、事物的外在形象和个人偏好认识事物。加之世界的多元、媒体的广泛，不时冲击孩子的视听，致使审美情趣、审美理念出现偏差。

面对纷繁的现实世界，为孩子营造良好氛围、构建开放有序的家庭美育，形成与学校美育相互联系的现代审美教育体系，势在必行。而自觉利用自然、家庭、社会资源广泛培养孩子对自然生活、文化艺术等美的感受与表达能力，追求健康的情趣品味，也已成为当务之急。

三、故事聚焦

不染这尘俗，花季才真美

新学期报到，学校对学生的礼仪规范、发型仪表进行例行检查。班主任责令班委关注同学，让同学们互查整改。

班委反馈："老师，菲菲涂了指甲油，戴了手链。指甲油提醒她卸掉了，手链可以让她戴着吗？"

"如果手链没有任何特殊寓意，只为了装饰，还是让她摘掉，以免有同学跟风。"

菲菲是班里一个不省心的女孩儿。菲菲的父母忙于生计，平日家里很冷清，心有怨怼的她有了早恋倾向。很在意外在形象，着装比同龄孩子更显成熟张扬，即便在校园里也可见端倪：她的校服领口拉锁拉得很低，白皙的颈部露得明显；课堂上常对着小镜子"涂脂抹粉"；校园文娱活动中表现突出，能唱能跳；学习专注力和主动性差。

班委和菲菲谈心以后，菲菲的表现却并不如人意，手链经常不自觉地从袖口中露出来。

于是班主任拨通了菲菲妈妈的电话。菲菲妈妈说菲菲平时特别喜欢网上购物，穿着打扮也跟成年的姐姐学，一进家门手机就不离手，刷抖音、看影视剧，放了假就更不成样子！她爸爸也经常为此动气。"手链估计也是她自己乱买的，老师，您干脆就给她没收算了！"菲菲妈妈如此简单粗暴的方法自然不能解决问题。

班主任找来菲菲，跟她说道："菲菲，老师跟家长了解了一下，你的手链没有什么特别的意义，只是觉得戴着好看是吗？""嗯！""其实在老师看来，你那双充满神采的眼睛、白皙的肤色、朝气的短发……这些美，胜过任何外在饰物的装点。我们在诗中学过‘清水出芙蓉，天然去雕饰’。自然清纯是你这个年纪的女孩儿最好的状态，要知道青春是最美的，本色是最美的。模仿成年人的打扮反而会破坏了那份天然本色美。”老师抚摸了一下菲菲头上鲜亮的蝴蝶结，问道：“你说呢？”菲菲默默点点头。之后，摘掉了手链。但要让孩子真正领会老师的话，还需要时间。菲菲仍会时不时出现这些问题：体育课上因有男生说她“搔首弄姿”而起纷争；在QQ群里闲聊与偶像有关的话题、与女生斗嘴说脏话；服装秀表演中嫌弃同学“太土”影响同学间的团结……老师一次次与菲菲沟通，菲菲也在慢慢减少不得体的举止。

清水芙蓉必源自然，少年芳华当书义气。青春勃发的女孩子，不染这尘俗，花季该多美！

四、剖析根源

青春期的孩子，对美有较为热烈的追求，但缺乏正确的认识、判断能力。有些孩子开始注重穿着打扮、发型妆容，把形象搞得不伦不类；在有些场所言行怪异，出言恶俗，陷入审美误区。

造成学生审美素养不高、情趣低俗、观念错误的原因主要有以下几点。

（一）家庭教育中审美志趣的培养缺失

家长希望孩子受到良好的教育，但大多注重学习教育，忽略思想道德教育，更加忽视审美素养对青少年全面发展不可替代的作用。家长没有意识到，志趣培养浸润教育，会如春雨渗透内心一般给人美的享受、智慧的启迪。家长缺少对家庭生活、家长形象、家人关系等积极审美因素的有效利用，缺乏对孩子美的情趣、美的感悟、美的认知的引领。如菲菲同学，缺少家庭的融乐温馨、没有儒雅的榜样示范、未得父慈母爱的审美引导，她模仿成人的穿着打扮，展示自我的“出类拔萃”，青春期的价值取向出现偏差。

（二）个性特长发展和综合素养提升有偏差

很多家长对孩子进行音乐、美术等特长培养，却忽视了综合素养的协调统一。比如素描很好的孩子写不出方正的汉字，田径场上的运动健将做不好一节规范的广播体操，能歌善舞的女孩子站不好端正的军姿，等等。这不是因为孩子本身缺乏潜质，而是教育的忽略与偏执。孩子因特长出色鹤立鸡群、锋芒毕露，掩盖了审美素养的不均衡，“折了飞翔的翅膀”。如菲菲同学的歌舞才艺并没有带动其他方面的正向发展，却让她养成了逐新趋异的习惯。以歌舞表演、特长展示为借口化浓妆、穿异服、戴饰物，少了少女的清纯文雅，反映出家庭教育对整体审美素养的忽视。

校园生活中虽有审美教育，但由于对学生全面发展的落实程度不够，不可避免存在美育的关注度与及时性不足，忽略学生审美误差，忽视审美素质的广泛培养等情况。

（三）网络媒介下多元审美理念带来冲击

网络信息良莠不齐，媒体泛滥纷繁不一，学生难以判断、无所适从。各类短视频，放眼望去，帅哥靓姐秀衣装、炫财富、晒爱情甚至进行性暗示，矫揉造作、故弄玄虚、低俗恶搞，仿佛无知无识也能一夜暴富。不良价值导向成了学生成长路上的绊脚石。

有的孩子每天对着手机屏幕狂点傻笑，视力下降，观念扭曲；有的孩子沉溺虚拟空间，丧失对现实生活、自然万物、社会人文的感知兴趣和求知欲望；有的孩子盲目追求潮流、崇拜偶像。如菲菲同学，在家里手机不离手，学业放松，学识浅薄；购物软件、娱乐新闻影响着她的审美追求，诱发着青春躁动。孩子匮乏的审美认知，低俗的趣味表现，亟待家长、老师引导和转变。“如你想毁掉一个孩子，就给他一部手机”，话虽偏颇，当引以为戒。

五、指导策略

审美教育塑造孩子健全的人格，能使其在成长路上赢得欢迎与尊重。家庭教育如何让孩子在丰富知识、启迪智慧的同时，提升情趣素养呢？家长又如何不靠“说教”“强势”，而是以“随风入夜，润物无声”的影响与渗透，实施审美教育呢？主要包括以下四个方面。

（一）**家居环境，创设情趣**

孩子的健康情趣需要优雅氛围的熏陶。家长要精心营造美好、和谐的家居环境。用简约的装饰启迪孩子优雅、素朴的追求，减少富丽的装潢可能带来的对优越享受的崇尚；悬挂些名言警句、青松翠柏、梅兰菊竹等字画陶冶孩子的情操，避免明星画像、娱乐设备诱发孩子追潮拜偶，让孩子产生不切实际的想法。

家长的生活态度、审美趣味通过日常的细枝末节传递到孩子的精神气质中。旧家具擦洗如新，能营造一份整洁；简陋居室摆束芳花，可装点一份雅趣；家常小菜做出精美花样，亦经营一份爱心。无论物质生活富足与否，美的情趣都可创造。

（二）**文娱活动，提升品位**

孩子的高雅情趣源自丰富有趣的实践活动。家长可选择有美育价值的影视作品、专题节目、书籍文章，供孩子欣赏品味；可设计家庭趣味游戏、亲子携同旅行等，为孩子增加审美体验。

（1）引领孩子走进自然：四季晨昏千姿百态，草木星月五色斑斓。常与孩子走出家门携手同游，观赏葱林清流、鸟语花香，把形色声态之美尽收眼底，感受美好的情趣。

（2）启发孩子贴近人文：世界文化博大精深，中华文明源远流长。多带孩子走进展馆观看展览，欣赏珍贵文物、艺术杰作，把声像图文、诗情画意领悟心中，享受丰富的文化之宴。

抛开鸡毛蒜皮、柴米油盐，“有美的生活才有趣”，与自然、人文沟通、交流，培养情趣、提升品位，不让孩子成当代的“美盲”。

（三）**形象感染，润泽内心**

孩子的良好素养得益于美好形象的感染。家长应做到以下几点。

（1）服饰妆容有品位——穿着整洁大方，庄重得体。教给孩子“冠必正，纽必结”“看衣品识人品”，形成正确的审美意识。

（2）言语谈吐有修为——和气文雅、诚恳谦逊。多用“请”“谢谢”“对不起”体现家人间的尊重、合作与谅解；避免刻薄尖酸、指桑骂槐，更不要强词夺理、口吐脏话。

（3）行为举止有素养——夫妻间温婉和悦、对父母尊重孝敬、亲友间融洽互助，带动孩子和气待人、智慧行事。避免乖张冲动、言行不一，养成孩子多事好斗、撒谎瞒骗的坏习惯。

（4）思想精神有追求——文华润心，博采长才。增进文化自信，孝亲敬长、尊师重道，传承优良家风。利用业余时间陪伴孩子阅读诗书，“书香传家久，文化济世长”。

父母是孩子的第一任老师，“染于苍则苍，染于黄则黄”，“言为心声，行为心表”。家长应以身作则，为孩子树立榜样。

（四）情理沟通，引发共鸣

孩子的品位与理念的培养需要情感交流、理智指导。家长要多给孩子提供欣赏美的机会，要鼓励孩子提出审美意见。亲子要在审美活动中进行平等对话与交流，引发共鸣。在产生分歧时，家长不能强制孩子接纳自己的意见，要尊重孩子的不同意见。对孩子的审美偏差要平和解析，与孩子达成共识。在购买衣物、布置房间时，就是“萝卜白菜各有所爱”，正如西方俗语所说的，“谈到趣味无争辩”。

要转变孩子已有的价值取向，更需要逐步浸润感化，避免“强势”带来负面影响。如某男孩因家长强制改变其发型，而产生厌学等不良情绪，甚至发生逃课等行为。再如案例中菲菲在个人装扮上与年龄不符的审美认知，就需要平等沟通，怡情明理，慢慢提升其审美品位，进而完善其德行。

六、实践思考

（一）思考题

有意识做到家庭设施美观整洁，注重环境的和谐优美；注意说话处事方式，与家人、邻里及社会人际交往做到语言美、行为美；尽力抽出时间陪孩子，同家人营造和谐的亲情美、人际美；带孩子常和大自然接触，欣赏自然美；给孩子创造音乐、绘画、文学等方面的熏陶和培养途径，探究艺术美。思考上述几方面您哪些方面做到位了？哪些方面有待提升？

【参考答案】

家长根据自身情况，思考上述几方面自己的达标情况，是完全做到、做得一般或完全没有做到，从而加深认识并进一步完善审美教育。

（二）情境题

解远从小就穿名牌服装，上中学后更以时尚潮男来自我标榜，解远妈妈觉得家里有条件，让孩子穿着讲究挺好的，有优越感也是理所应当。然而放暑假后，解远跟伙伴去染了金发，烫了新发型，解远爸爸对此很不满，解远妈妈却觉得孩子蛮帅气的，劝解说："儿子放假了，就让他放松一下，开学再把头发染黑，换个发型就是了！"您是否赞同解远妈妈的做法？简述原因。

【参考答案】

解远妈妈的做法有失妥当，会造成孩子不健康的审美情趣。

（1）随着生活水平的提高，若家庭经济条件允许，孩子适当穿用"名牌"并无不妥，孩子的购买要求也反映了他们自我意识的成长，但若过度追求名牌就应适度引导。

（2）初中生在鞋帽衣装及手机等用具上过多追求"名牌"，易滋生爱慕虚荣、贪图享乐的不健康心理，出现浮躁、招摇的心态，家长的娇宠则会让孩子更为放纵，使其因将过多精力浪费在此方面而忽略学习及综合素养的提升。

（3）解远的自我标榜已表明了他的不健康心态，家长不能再放松对孩子的教育引导及良好审美情趣的培养。

（4）当孩子把较多精力放在外在形象塑造时，即便是放假期间，家长也应该适当引导，提出建议，按照中学生守则规范要求其言行，否则，容易让孩子审美跑偏，走入误区。

（三）**案例分析题**

徐楠上初二后，更注重自己的形象了。受到班里几个伙伴的影响，特别关注时尚装束，时不时向父母提出想购买潮牌服饰的要求，父母通常会以家庭情况为由拒绝。没想到徐楠居然背着父母私订了服装，还打了耳洞，说是学校艺术节舞蹈表演需要。如果您是徐楠的家长，面对此种情况会如何处理？简要分析说明。

【参考答案】

（1）对孩子购买服饰的要求，应该从孩子切身的审美需求和家庭条件综合考虑，支持孩子的一些合理要求，基于尊重与爱，让孩子有个人追求的自我实现感。同时要了解孩子是因为“同学有，我也要有”的效仿、从众心理，还是发自内心地喜欢，帮助孩子树立自己独立的审美理念。不要一味以某种理由拒绝孩子，而造成孩子的逆反心理，或产生更强烈的需求欲望，以致出现突破规则的行为。被尊重、被肯定，孩子才能更好地成长。

（2）对孩子过多及不当的追求，要考虑家庭、环境的影响，从学生身份、礼仪规范与审美趣味、素养品位上合理分析，亲子间相互沟通理解，慢慢进行引导教育。关于打耳洞的情况，需要联系老师了解舞蹈表演的相关事宜。学校是有规范要求的，不会因为艺术节而放任学生的个人行为。打耳洞关系到孩子的身心健康，需要慎重对待。对孩子自作主张或是寻找借口的情况，要与孩子促膝谈心，分析利弊，逐步感化，转变孩子不当的审美理念。

（3）要避免一味地批评责备，强制孩子改正；也要避免轻信放纵，导致孩子放任自流。随着时代的发展和个人的成长，孩子的个性更加鲜明。不要单纯把戴耳钉、染发烫发当成“坏孩子”“小混混”的标签，每个人都有追求美的权利，孩子自然也有，但要符合学生礼仪规范、审美追求。也不要认为有些行为是学校的特定活动，忽视孩子做出一时选择，而忽视孩子价值取向的逐步变化，阻碍孩子审美情趣的健康发展。

（四）亲子实践活动

每月和孩子共同完成一次审美体验

创设情境：对家居进行整理布置，摆设要符合美的原理，感受生活美；去公园或郊外，观赏园野风光，感受自然美；参观展览或展演，感受人文艺术美。

激发趣味：以动手参与、亲子互动增趣，如拍照、拾趣、拼画、采风、做标本等；用语言表述品位，如谈色彩映衬、画面格调，远近层次等。

要求：家长根据切身情况和家教需求选择一个实践活动完成，或每月安排其中一项。

七、智慧分享

（一）学习资料

德育与美育

德育和美育都属人文教育。德育是规范性教育，而美育是熏陶、感染、“兴发”；德育主要作用于人的意识、理性层面（思想、理智的层面），而美育主要作用于人的感性、情感层面，包括无意识层面；德育是“礼”的教育，内容是“序”；美是“乐”的教育，内容是“和”。

德育是一种规范教育，它注重培养青少年的理智力和意志力，使之能够按照一定的社会准则和道德规范来约束自己的思想行为；而美育则是一种发展教育，它注重在审美过程中培养青少年的创造力和建构力，并按照一定的美学原则去引导他们发展个性和人格。

德育是以理服人，重在说服、训示和灌输；而美育则是以情动人，重在引导、启发、劝诱，调动自身的感受去体验和领悟，依靠精神的自我建构，来达到个性的发展和人格的完善，是一种双向互动的教育，美育要保持其主动性和自由度。

德育注重社会性人格的培养，强调个人对社会的服从；美育则注重个体人格的培养，更多关心个性发展，强调实现自身价值、发挥个人潜力、健全个性心理和提高个人素质的必要性，谋求建立一种更加合乎人性的合理完满的社会秩序和社会准则。

总之，德育与美育，前者偏于社会尺度，后者偏于个性尺度；前者遵循现实性原则，后者遵循理想性原则；前者持社会本位，后者持人本位，美育与德育可相互渗透、补充和辅助，但二者不能包容、取代和排斥。

摘自《美育在素质教育中的作用》（教育网、豆丁网）和
《认识美育》（百度文库）（均有改动）

生命教育与美育

实现修身养性、珍惜生命、享受美好、享受生活、激发生命，是生命美育最重要的组成部分。其终极意义在于如何优化生命，美化生命，成为真正意义上的“人”。生命美育的目的是认识和实现生命美的形式和生命美的价值。青少年刚步入社会，根据形势和现实与实践的结合对他们进行生命美育，是一种思想上的关怀，也是一种人文主义的帮助，可以优化个体生命美学，提高生命意识。

摘自《生命教育与美育教育》（有改动）
陈帅，《新教育时代电子杂志（学生版）》，2018（39）

（二）推荐书目

1.《生命合伙人》（戴亚楠，中国青年出版社）

这本书写道：“我们所有的焦虑其实是来源于我们用一个唯一的标准，去衡量所有的孩子。我们的教育热衷于设定标准，把某个本来很好的事物作为技能加分项，但是对于如何让孩子爱上这个事物却不屑于投入精力。”

2.《润物细无声：谈家庭美育》（杨景芝、黄欢，湖北美术出版社）

作者认为：“美育体现的是情感教育，用人的大爱播撒爱的种子，以心血哺育孩子们，帮助他们茁壮成长。”

3.《给孩子的美的历程》（李泽厚，中信出版社）

“时代精神的火花在这里凝练、积淀下来，感染着人们的思想、情感、观念、意绪，经常使人一唱三叹，流连不已。我们在这里所要匆匆迈步走过的，便是这样一个美的历程。”书中这样写道。

劳动教育

家务劳动真快乐——如何进行家庭劳动教育

一、指导目标

（1）帮助家长树立正确的劳动教育观念，重视家庭劳动教育。

（2）引导家长以科学的教育方法进行家庭劳动教育。

（3）指导家长通过家庭劳动教育增强学生的劳动本领，融洽亲子关系。

二、现状分析

劳动教育是“使受教育者树立正确的劳动观点和劳动态度，热爱劳动和劳动人民，养成劳动习惯的教育。”劳动教育是对受教育者劳动价值观（包括劳动价值、劳动态度、劳动精神）和劳动素养（包括劳动技能和劳动习惯）的教育。劳动教育的普及之路，任重道远。劳动是孩子们成长过程中的必修课，劳动教育对孩子的成长十分重要。但是调查显示，初中生的家庭劳动教育目前正处于缺位的状态。家长替代或包办家务几乎是常态，初中生家务劳动时间短、类型少、技能弱、兴趣低等问题如今已经屡见不鲜。这不仅不利于学生生活自理能力的提高，影响了初中生劳动价值观的树立和劳动素养的培养，更不利于他们从事学校劳动和社会劳动，不利于学生的全面发展。究其原因，主要是因为家长劳动教育意识淡薄，劳动教育方法不当，缺乏对孩子的引导，其背后更有着教育异化、学习竞争压力过大、学校劳动教育不到位、独生子女在家庭地位较高，以及社会环境轻视普通劳动者等因素。虽然这种社会现象是在家庭、学校、社会的共同作用下导致的，但家庭是孩子们的第一课堂，加强家庭劳动教育，培养孩子有自觉参与家庭劳动的意识，是改善以上现象的首要之举。

要想加强家庭劳动教育，必须先让家长和孩子认识到劳动教育的重要意义。许多思想家和教育家都强调过劳动和劳动教育在人的发展中的重要性。马克思认为，劳动是人的本质，是创造一切价值的源泉，劳动的解放促进人的自由全面发展。法国启蒙思想家卢梭在其教育学名著《爱弥儿》中写道，劳动是每一个社会上的人必须承担的责任，不可逃避和推卸，任何一个公民，无论他是贫穷或是富有，是在社会底层还是站在统治者的位置，是弱小还是强大，只要他不干活，不懂得去劳动，那他注定一事无成。著名教育学家苏霍姆林斯基指出劳动教育是对年轻一代参加社会生产的实际训练，同时也是德育、智育和美育的重要因素。让孩子参与家庭劳动，需要家长的正确引导。锻炼孩子的生活技能，提高孩子的自理能力，使他们在劳动中发现自我、发展自我、完善自我，学会生存、团结、互帮互助，这些都离不开劳动教育。加强劳动教育，刻不容缓。

新时代以来出台的教育政策彰显了党和国家对劳动教育的重视，在全社会营造了尊重劳动的氛围。党的十八大以来，习近平总书记在多个场合都指出要“尊重劳动、尊重知识、尊重人才、尊重创造”，表现出党和国家对劳动的高度重视和认可。2019 年 6 月 23 日，中共中央、国务院提出要坚持“五育”并举，全面发展素质教育，而劳动教育正是“德智体美劳”这“五育”中的重要一环。2020 年 3 月 20 日，中共中央、国务院印发的《关于全面加强新时代大中小学劳动教育的意见》中指出：“劳动教育是中国特色社会主义教育制度的重要内容，直接决定社会主义建设者和接班人的劳动精神面貌、劳动价值取向和劳动技能水平。”发展素质教育、深化教育改革，必须要加强劳动教育，这是健全未来社会主义事业接班人劳动素养的必要举措。

三、故事聚焦

小杰劳动记

××中学的王老师最近发现，班上新转来的小杰同学做值日时总会出点岔子。有一次，小杰用湿漉漉、还滴着水的拖布去拖走廊的地板，把走廊拖得又湿又滑，差点让路过的同学摔了跟头。还有一回，全班大扫除的时候，小杰的任务擦玻璃，他用湿布把玻璃擦过一遍后，看到别的同学用报纸擦第二遍觉得很惊奇，原来他不知道用湿布擦过的玻璃会留下水痕，必须用报纸一类的纸张再擦一遍才会干净。小杰虽然刚转来不久，但王老师对他的印象很深刻。这个孩子看上去文文弱弱的，上课听讲很认真，学习也跟得上，可就是这劳动技能和劳动常识，不像是一个初中二年级学生该有的样子。

有一天，王老师看见小杰用手去拧拖布的水，原来自从上回拖地搞得地板太湿之后，他居然开始用这个办法拧干拖布的水了。王老师赶忙告诉小杰，其实可以用一种更卫生、更巧妙的方法，比如把拖布抵在拖布池的角落里，边挤压边旋转，把水挤出来。看着小杰恍然大悟的样子，王老师趁机问小杰，在家会不会做家务，小学的时候有没有在班级里做过值日。不出王老师所料，小杰从小就没做过家务。原来，小杰小的时候体弱多病，班上老师很照顾他，做值日也给他安排轻松的活。现在，小杰虽然文弱，但也是个高个子的小伙子了，身体早已恢复了健康。王老师觉得小杰参与劳动的态度还是很积极的，只是缺乏引导。于是，她决定找个机会和小杰的家长谈谈，及时把他在劳动方面的短板补回来。

期中家长会的时候，小杰妈妈找到王老师询问小杰转学过来的适应情况。王老师表扬小杰学习很认真，并结合之前观察到的情况，向小杰妈妈指出小杰在劳动方面有些欠缺，劳动能力还需要继续提高。小杰妈妈解释道，因为小杰是家里唯一的孩子，爷爷奶奶和爸爸妈妈都比较疼爱他，从不要求他去分担家务，再加上小杰小的时候身体不好，所以从来没有做过家务劳动。王老师心下了然。她建议小杰可以从现在开始在家做一些家务劳动，父母也可以教他一些常识。小杰妈妈听到之后十分惊讶，问："孩子都已经初二了，再做这些不会影响学习吗？我看有的家里从前小孩做家务的，到了初中也都停了。"王老师耐心地解释道："做家务不会影响学习，适当的家务还可以在学习的间歇缓解疲劳，有利于成绩的提高。而且一个好的学生也不应该只有优秀的成绩，德智体美劳应该全面发展，这样有利于他以后独立生活和长远的发展。”小杰妈妈听了，说回去一定教小杰做家务，培养孩子的生活技能。

王老师与小杰妈妈的谈话起了作用。这次家长会过后，小杰告诉王老师，在父母的鼓励下，他在家开始学做家务了。王老师很欣慰。为了与小杰妈妈一起帮助小杰养成爱劳动的好习惯，王老师嘱咐班级里的值日生同学多帮助他，多教他一些劳动上的知识，在劳动中团结新同学。慢慢地，小杰在劳动上有了明显的进步，现在他做值日不仅又快又好，还表现出了很大的热情，在全班大扫除的时候开始抢着干活了。同时，王老师发现，小杰更开朗、更自信了，也更乐于与班上的其他同学交流了。长此以往，王老师相信，小杰一定可以克服所有的困难，成为一个全面发展的人。

四、剖析根源

通过阅读以上故事可以对小杰在劳动方面出现短板的原因进行分析。

首先，是由于家庭劳动教育的缺失。大多数孩子有一个毛病，那就是“四体不勤”，这当然不是天生的，而是因为家长没有正确指导孩子家务劳动的基本知识和技能。小杰的家长本身不认为家务劳动是孩子必须参与的事，又因为小杰是家里唯一的孩子、小时候身体不好等原因格外宠爱他，没有培养小杰的劳动意识与劳动习惯，更没有训练孩子的劳动技能。再有，在认识到小杰劳动能力不足的情况下，小杰的家长仍然错误地认为做家务会耽误学习，没有正确认清初中阶段学生学习和家务劳动之间不是完全对立的，而是可以互相促进的。由于家长的宠爱与错误的家庭教育理念，小杰一直没有接触过家务劳动，导致他在劳动方面有所欠缺。

其次，是由于学校劳动教育的弱化。过去，在应试教育和激烈的教育竞争的大背景下，中小学的教育存在重智育轻其他几育的倾向，容易忽视学生的德育、体育、美育、劳育。这也促使家长越来越关注孩子的学习成绩，从而忽视对孩子其他方面的培养教育。小杰在劳动方面的短板并非一朝一夕形成的，但以前的老师从来没有重视过，只有细心的王老师发现了小杰这方面的不足。目前的中小学在劳动教育方面还存在着劳动场地和设施缺乏、劳动课缺失、师资不专业等问题，这也是影响小杰接受学校的劳动教育的重要原因。究其根本，学校劳动教育的弱化是社会环境对劳动教育的漠视引起的。

最后，是小杰自身劳动意识、劳动素养和劳动习惯的缺乏。从小不做家务的小杰缺乏基本的劳动常识和劳动技能，对劳动的态度是既不排斥也不积极，没有做家务的长期习惯与自觉意识。作为已经有了一定的生活经验和认知能力的初中生，小杰对自己家务缺失的状态从来没有进行过反思，也没有意识到自己这样是不对的，只是一味遵循着旧有的惯例，不曾为此和家长进行沟通。这导致他甚至不了解最基本的劳动常识。但从故事中可以看出，小杰并非一个厌恶劳动的孩子，相反，经过了积极的引导之后，他变得热爱劳动、主动要求劳动了。

五、指导策略

针对孩子的家务劳动教育，家长们可以做到以下几点。

首先，家长要树立正确的劳动观和劳动教育观，正确处理初中生家务劳动和学习的关系。家庭是人的第一课堂，家长如果抱有轻视劳动、不尊重劳动者的观念，自然就会传递给孩子。要树立劳动光荣、劳动者光荣、家务劳动人人有责的观念。家长要重视孩子的劳动教育，不能唯成绩论，只重视智育而忽视德、体、美、劳其他“四育”。况且有研究表明，适量的家务劳动对提升孩子的学习成绩有好处。孩子是一个完整的人而并非仅是一个学生，他需要的也不仅仅是好成绩，而是综合的素质。

其次，家长应该以良性的亲子关系带动家庭教育的开展。这也就是说，家长应该与孩子开展平等、尊重、互相信任的对话。对有做家务意愿的孩子，家长要鼓励和表扬，不轻视，不制止，不苛求，不责备，也不要因为自己宠爱孩子而大包大揽，从而降低孩子的生活自理能力。对没有做家务意愿的孩子，家长应该积极引导和耐心教育，不能随他去、不理不睬，也不能强制命令他做家务，或者用他“懒”“不心疼父母”“不孝顺”等强烈的字眼来辱骂孩子，伤害孩子的自尊心，这样会使孩子对劳动产生抵触、厌恶心理。只有孩子主动、自觉去做家务劳动，才能培养孩子的劳动意识。因此，引导孩子做家务，最好先提出一个大的目标，比如“收拾好你自己的房间”，具体的工作计划由孩子自行安排，不断激发孩子参加家务劳动的兴趣和自觉性。家长给孩子安排家务，应该以锻炼孩子的劳动素养、提高孩子的劳动意识为目的，要适量，要有劳有逸，要力所能及，不要以完成工作的多少和好坏为衡量标准。对做家务没做好的孩子，家长要意识到，由于孩子缺乏劳动经验和技巧，没做好家务是可以体谅的。这时候应该宽容理解、耐心鼓励，教会孩子做家务的技巧，表现出对孩子能力的持续信任，不要批评指责，也不要阻止，要热情地鼓励他：“下一次一定能干好！”在孩子做完家务的时候，家长要表扬孩子的勤劳，感谢孩子为家庭做出的贡献，虽然做家务是每个家庭成员分内之务，但也不要把别人的辛苦看得那么理所当然，孩子和成年人一样渴望别人的尊重、信任和表扬。

再次，家庭内部应该形成平等、有序、愉快的家务劳动氛围。第一，家长要以身作则，发挥榜样作用，积极承担家务劳动，家庭成员不互相推卸家务劳动的责任，让孩子感觉做家务是快乐的。有研究表明，所有家庭成员共同承担家务劳动的家庭，相比于单个家庭成员承担全部或大部分家务劳动的家庭，其子女乐于做家务的比例更高。另外，爸爸承担家务劳动的比例会对子女尤其是儿子的家务劳动意愿产生正向影响，家庭内部的家务劳动要注意男女平等，共同承担。第二，家庭应该有固定的家务劳动分工，有清晰的家务劳动计划，这样能提高效率，让孩子有计划可遵循。制订计划时要民主商讨，充分尊重孩子的意见，也可以针对孩子的兴趣和能力给他安排适合的家务，一旦确立就要严格遵守。另外，对家务劳动是否应该给孩子经济报酬，虽然把本应承担的责任用作交换条件，容易扭曲孩子的劳动意识，但金钱、礼物或者假日出行的计划都可以作为孩子做家务表现不错的奖励，从而促使他们更加积极主动地做家务。

最后，家长要针对初中生的独特性进行家庭劳动教育。第一，在初中阶段，青少年的自我意识觉醒，成人感和独立意识增强，开始要自己管理自己，不再接受家长的安排和控制，但又缺乏较高的自控能力、认知水平和生活经验，无法完全做到自己为自己负责。这时家长要转变教育角色，调整教育方式，给孩子以陪伴和指导，不要过多干涉孩子的劳动计划，也不要强制命令、烦琐说教，要尊重孩子的自主性，尤其是对孩子的独立空间比如卧室的安排要表示尊重，然后再适当引导。第二，在初中阶段，孩子的课业量和难度会有所上升，面临着中考的压力，这时候平衡好家务劳动和学习的关系就显得格外重要。对学习压力过大而无法或不愿做家务的初中生，家长应该首先帮助孩子一起解决学习上的困难，主要安排孩子做轻松的、符合自己兴趣的家务劳动，作为学习间隙的一种调整，让孩子的身心放松下来。家务劳动的安排应该是灵活的，以促进孩子的健康发展为目的。

六、实践思考

（一）思考题

（1）在日常生活中，您是否对孩子说过下列的这些话？其他家庭成员是否曾经说过？这些话会给孩子传递怎样的信号？

"你不好好学习，将来就去扫大街/种地。"

"学生的本分就是好好读书，其他的你不用管。"

"你一天天不干正经事，就知道摆弄花草，将来能有什么出息？"

"男孩围着锅台转干什么，这是男孩应该干的事吗？"

"学校里的活不用抢着干，别耽误了学习。"

"你笨手笨脚的，什么事也干不成，别在这给我添乱了。"

（2）您的孩子在家是否做家务劳动？他做/不做家务的原因有哪些？他做的家务更偏向于个人事务（比如收拾自己的衣服），还是家庭事务（比如给全家人做饭）？他能做复杂一点的家务（比如装好一个电风扇）吗？他有喜欢做和不喜欢做的家务吗？他在学校的劳动表现如何，和在家的表现一致吗？

（二）情境题

这学期，林林的学校开设了劳动教育课，每周都会组织部分学生去敬老院义务劳动。那里的老人大多行动不便。志愿者们需要打扫卫生、整理房间、陪老人们聊天。义务劳动会占用周末的休息时间。如果你是林林家长，你会同意林林去吗？

（三）案例分析题

开展“体验父母的一天”活动，在时钟上标注父母的活动时间。孩子在日常生活中对父母的劳动付出习以为常，当他们真切地去记录父母一天的家务劳动时，就能够充分感知到，原来父母每天看似“平常”的生活是如此“不平常”，才会从心里想要通过改善自己的劳动行为来减轻父母的负担。

【参考答案】

采用家庭承包责任制。家庭生活中，一方面由于孩子课业负担，另一方面由于家长的宠爱，家庭劳动几乎都会成为家长的责任，孩子偶尔的劳动行为反而会成为一种“荣耀”。事实上，参与家庭生活，负担家庭责任，是每一个孩子应该从小就有的劳动意识。应根据家庭的实际情况，让每一个家庭成员通过商量、表决，在明确奖罚的情况下，签订责任书，并将责任书展示于家庭醒目处。

家庭承包责任制既能让孩子参与到家务劳动中，也能使他们更好地体谅父母每日的付出和辛劳，培养他们的感恩之心，用感恩的心来更好地帮父母分担劳动。

（四）亲子实践活动

（1）全家人一起开一个家庭民主会，讨论商定一套家庭劳动制度，包括明确的家务劳动分工、家务完成的标准及评价等。

（2）给孩子讲讲自己小时候做家务的经历，让孩子了解上一代人的成长史。

（3）带孩子去参加一次植树活动或社区卫生服务活动，让孩子体会劳动的快乐和意义。

七、智慧分享

（一）学习资料

海外学生的“劳动课”

从幼儿园开始，孩子们就要学习自理，有关培养孩子耐心、细心和爱劳动的习惯，让孩子掌握基本的生活本领，具体的内容如下。

（1）用针线缝制布袋、抹布、垫子，锻炼孩子手、脑、眼动作的协调能力。

（2）自己淋浴、擦身、换衣。

（3）轮流到食堂帮厨，学生自己完成餐桌摆放、饭菜分配、收送餐具等。

（4）学校提供100多页的打扫方法指南，详细说明工具名称、使用方法，学生要自己完成校园环境的打扫工作。

（5）学生每天都要打扫厕所，一方面可以学习厕所的打扫方法，另一方面是教育学生各种工作都有辛苦和厉害的地方，工作没有贵贱之分。

（6）养小动物成为必修课，主要是为了让孩子体会到大自然的神奇和生命的美妙。

（7）有条件的学校会有一片小花园或者小菜园，没有条件的会用花盆代替。还有一些学校会跟政府借用一块地来做种植教育，比如在政府规定的公园里、河堤边上等。

（8）午休时自己铺床。

（9）放学时自己收拾书包、更衣换鞋后离园。

（10）毕业时清洗课桌椅，将干净的学习环境留给学弟学妹。

摘自北大公学家庭课堂，2019-04-09

（二）推荐书目

1.《家庭和儿童教育》（〔苏联〕马卡连柯，上海人民出版社）

每个家庭都有许多类似的、孩子多多少少感兴趣的和力所能及的工作。当然不能让孩子承担过多的工作，但在任何情况下家长的劳动负担和孩子的劳动负担都不应该有明显的区别。如果父亲或母亲干家务很吃力，孩子应该主动去帮助他们。还有另外一种情况：家里有保姆，孩子养成了让保姆代他干本应他自己干的事情的习惯。家长应该检查是否有这种情况，要做到使保姆不再去做孩子能够做并且应该自己去做的那些工作。

2.《花婆婆》（〔美〕芭芭拉·库尼，河北教育出版社）

花婆婆可能是你身边平凡无奇的普通人，他们将人生看做一场值得珍视的旅程，因而憧憬，热爱生活。他们志存高远且能脚踏实地，做着简单的事就把世界改变。我相信，花婆婆是每一个你都想成为的那种人，是一个撒播爱的种子的使者。

三

理想信念

志存高远强信念——做新时代的“追梦人”

一、指导目标

（1）帮助家长认识理想信念对社会、对孩子的重要意义及孩子理想信念的现实情况及问题存在的原因。

（2）指导家长把握时代特征，掌握科学有效的教育引导策略。

（3）帮助家长为孩子的健康成长引路，助力孩子做新时代追梦人。

二、现状分析

理想信念是人们对未来的向往和追求，是一个人的世界观和政治立场在奋斗目标上的集中表现，对个人成长有着重要的内在引导作用，能形成强大的精神支撑力，不断推进自我完善和发展。现代中学生大都是在家长的精心呵护下幸福成长的，他们的要求很容易被满足，在家庭生活中更多的是索取而不是给予。他们思想活跃、充满活力，但生活经历单一，缺少艰苦条件的磨炼，若受到社会不良因素的影响，他们的理想信念和人格都有可能产生不同程度的小缺陷。

某学校九年级 459 名学生的问卷调查显示：23% 的学生“有长远理想并一直为之奋斗”；21% 的学生“有短期理想并在有意识地实现自己的理想”；18% 的学生“有短期理想但没有特别的实施计划”；29% 的学生“有长远理想，但没有计划，跟着感觉走”；9% 的学生“根本没有过理想，整天混日子”。总结起来，在这次调查中，大约 44% 的九年级学生有理想并有意识去实现，剩下的 56% 目标不明确，缺乏远大的理想信念。实际上这个调查也是大部分中学生的现实思想状态。初中生理想信念的缺失，常常表现为道德概念模糊，政治观念淡薄，荣辱标准扭曲，轻视责任与担当，利己主义明显。理想大而空，容易动摇；现实中只追求理想的大学，毕业后收获甜蜜的爱情，满足于高薪的工作，没有坚定崇高的信念价值和远大的理想目标；意志薄弱，忍耐力差，比较自我，有嫉妒心；缺乏目标、计划，金钱、地位至上，物质富足，精神匮乏。

教育部2017年颁布的《中小学德育工作指南》中，德育内容的第一条就是理想信念教育，即要加强对学生的理想信念教育。习近平总书记在2018年9月10日召开的全国教育大会上强调，要在坚定理想信念上下功夫，教育引导学生树立共产主义远大理想和中国特色社会主义共同理想，增强学生的中国特色社会主义道路自信、理论自信、制度自信、文化自信，立志肩负起民族复兴的时代重任（光明网，2022-05-15）。

三、故事聚焦

理想照亮现实

午后的阳光照在茶几上，照片里的男孩儿格外耀眼。几周前的家长开放日，男孩儿对同学的作文进行现场点评。他举止落落大方、声音铿锵有力、点评有理有据。他的精彩表现赢得了家长和同学们的阵阵掌声。我连忙用手机把这一时刻定格下来。男孩叫“恕”，他的成长与之前的第三次家长会有关……

那也是一个午后，在我的邀请下，恕的爸爸妈妈来到了我的办公室。与前两次家长会相同，曾经把恕作为自己的骄傲的妈妈，这次依然愁眉不展，对恕摇号升上来的普通中学依然心存疑虑。

刚刚坐下，恕的妈妈就开始了发问：“这次期中考试，他的成绩是不是又退步了？升的中学不如意，还不好好学习，再不努力连个好大学也考不上，多丢人啊。”

“你先别急，咱先听听恕在学校的情况。”恕的爸爸赶紧安慰她。

我端起一杯水，送到恕的妈妈的手里，轻声说：“恕曾经和我说过：‘妈妈每天紧张、焦虑、不开心，我觉得我的天空下起了雨。’作为成年人，我们要意识到我们的观点和情绪会直接影响孩子。”见恕的妈妈情绪稳定了下来，我向他们介绍了恕近期的情况。

“近期，恕结交了两个特别要好的‘铁哥们’，但是这两个新朋友不爱学习，没有追求目标。他们在一起讨论更多的是游戏攻关、高档手机。他们梦想着当大官、赚大钱，将来想买什么就买什么。”我说，“我曾和恕讨论过理想的问题，他却不在乎地说：‘成绩好有什么用，你看我的好朋友，家里有钱，不用学习人家生活也很幸福’……”

“这孩子怎么会变成这样？真不知道他脑子里想的是什么！”刚刚情绪稍稳的恕的妈妈又变得急躁起来。

始终沉默的恕的爸爸开了腔：“看来孩子的价值观出现偏差了，可能是我们平时只注意成绩，忽视孩子的思想引导了。老师，您看我们怎么做才能帮到孩子？”

“我看，得累累他，不然他不知道生活的辛苦。”恕的妈妈说。

“男孩精力比较旺盛，找一个有意义的出口很重要。”恕的爸爸也基本同意恕的妈妈的观点。

“我会让恕多参加学校的实践活动，在活动中锻炼能力。”我说。

“假期，我们带着他多出门、多看看，让他的眼界更宽、胸怀更广些……”恕的爸爸看到了解决问题的希望。

第三次家长会在大家的期待中结束了。令人欣慰的是，恕的父母说到做到。一有闲暇，他们就带孩子游历祖国的名山大川，感受国家的发展、科技的腾飞。他们翻越折多山、横跨大渡河、朝圣布达拉、寻访三江源；恕惊叹于港珠澳大桥建设者的智慧、北京地铁网设计的精妙，感受到科学工作者的坚毅、普通劳动者的勤奋……这些极大提高了恕的学习动力，他表示自己将来也要成为建设祖国、服务社会的有用人才。

后面，就有了恕在家长开放日的精彩表现，恕的生活充满阳光，他正在实现理想的道路上奋勇前进。

四、剖析根源

初中生正处于生理和心理尚未成熟的时期，也是形成良好品德行为、树立正确理想信念的关键期。理想信念的形成是一个不断修正、坚定的过程，很容易受到不同思想的诱惑进而侵蚀心灵。下面对孩子缺乏理想信念的现实根源进行分析。

（一）唯分数论致使理想信念教育缺失

在当前中、高考的压力下，许多家长只重视分数，忽视了对孩子理想信念的培养，忽略了孩子的性格发展和内心世界的需求。

故事中恕的妈妈总是把孩子的成绩作为炫耀的资本。和孩子聊天时，妈妈总是问“考得怎么样”，却不曾问：“孩子你今天快乐吗？”“你最近有什么心事？”家长只重视分数，忽视孩子思想品质、性格修养、身心健康、个性差异等各方面的全面发展。随着岁月的流逝，孩子渐渐忘记了自己内心的渴望和理想，失去了坚定的信念，不会排解自己的负面情绪，日积月累可能会导致价值观发生扭曲。

（二）个人价值观缺陷导致理想信念偏差

“空心病”理论认为，价值观缺陷可以引起心理障碍，其症状表现为疲惫、孤独、情绪差，对未来不抱任何希望，存在感缺失。

故事中的恕升入七年级后，成长环境和身边的同学朋友发生变化，同时受到妈妈的传统思想的束缚，恕的个人价值观出现了暂时的偏差。做大官、赚大钱才是出人头地等不良价值观侵袭头脑，扭曲了他的人格。还有些孩子学业不思进取，生活懒散放松，沉迷于网络虚幻世界，不再有任何目标追求。没有远大理想信念的指引，仅仅关注个人利益必然会导致理想信念的丧失、道德底线的失守。

（三）社会多元发展引致理想追求良莠不齐

全球化竞争日趋激烈，多元价值纵横交错，很多人抱有错误的理想与信仰。因为中学生年龄还小，自身的价值观没有稳定形成，导致理想追求良莠不齐。有的学生一味贪图享乐，追求物质享受；有的学生善恶不分，自私自利；有的学生受社会不良思想的影响，认为“理想，有利就想；前途，有钱就图”。他们急功近利、唯利是图，把金钱地位作为最高追求，偏离了理想信念和精神奋斗追求。

故事中，恕的成长也遇到过小波折，偏离了正确的理想信念。在社会多元发展的背景下，恕一时没有认清方向，短期内迷失了自我。幸运的是老师和家长及时进行了纠正和引导，才使恕重新走上了人生的正轨。

五、指导策略

心有所信，方能远行。青少年是祖国的未来，民族的希望。家长要把握时代特征，培养孩子博大的胸怀、开放包容的人格，形成正确的价值导向，助力他们成人成才。

（一）家长正面引领，赋能人生动力

家长要打破“唯分数论”思维，用长远的眼光和开阔的视野正面引导教育孩子，做孩子成长中的指路明灯。

1. 用伟大的中国梦激励孩子

实现中华民族伟大复兴，是近代以来中国人民最伟大的梦想。中国梦是国家的梦想，民族的梦想，也是包括初中生在内的每一名中国人的梦想。我们要让孩子建立对中国共产党领导国家发展的认同，建立自己与国家命运的一体相连感和强烈的爱国情感。

2. 培养家国情怀，形成正确的价值导向

我们应教育孩子拥护中国共产党的正确领导，坚定共产主义信念，胸怀天下，励志成才，成为对社会和人民有益的人。我们更应引导孩子树立家国情怀，用实际行动爱祖国爱人民，为社会做贡献，为国家的繁荣富强奉献青春。这将是孩子们永不枯竭的学习工作动力和力量源泉。

（二）典型榜样鞭策，实现价值激励

纵观古今，在事业上有所建树的先进人物，都有着个人理想与时代发展及祖国命运紧密相连的共同特点。家长要善用榜样模范的力量引领、感染，激发孩子的潜能，创造更多的自我价值。

在当今社会，有许多值得孩子们学习的榜样。“感动中国人物”、“共和国勋章”获得者、“全国道德模范”钟南山、袁隆平、张伯礼、张桂梅等以及孩子们同龄人中的佼佼者，都可以成为孩子们的榜样。经常用他们的故事去启迪孩子的思想，让孩子充满自信，激励孩子更加热爱生活、热爱生命，形成坚定、崇高的理想信念。

（三）注重生涯体验，促进知行合一

理想信念不是用来歌唱、装饰外表的，只有付诸行动才有说服力。父母要有意识地带着孩子参加相关的职业生涯体验和社会实践活动，从而有效促进理想目标的内化。例如：有航天方面理想的孩子可以去天津开发区西区大运载火箭基地参观了解；有建筑方面理想的孩子可以到全国各地参观特色建筑等。还可以带领孩子走进职业生涯体验场所，拓宽孩子的视野，增强孩子对职业的认知度。带领孩子参加青年志愿者活动和社区服务，参观博物馆、纪念馆、科技馆等，让孩子进一步了解社情民意、体验生活、砥砺品格、磨炼意志。让孩子将个人理想信念与社会发展和时代进步紧密结合，用自己的实际行动为实现中国梦而不懈努力。

（四）志存高远奋发，谱写青春辉煌

2016 年 10 月 21 日，习近平总书记在红军长征胜利 80 周年大会上指出，要坚持学而信、学而思、学而行，把学习成果转化为不可撼动的理想信念，转化为正确的世界观、人生观、价值观，真正做到对马克思主义虔诚而执着、至信而深厚（新华网，2019-03-03）。

1. 理想的实现需要勤奋和坚持

九年级是孩子形成远大理想信念的关键时期。此时孩子面临中考的升学压力，学习负担沉重。家长一定要更加关注孩子的身心健康，随时给孩子减压，帮孩子不断调整学习方法，进行自我管理，把远大理想目标内化为自己积极勤奋、坚韧不拔的学习动力。

2. 心中有信仰，脚下有力量

周恩来总理“为中华之崛起而读书”的远大理想信念影响着许许多多年轻人。心怀远大理想，才能奋勇向前；掌握科学知识，方能脚下有力。

我们有责任、有义务将这些精神传承给下一代，激励孩子们志存高远奋发，去谱写属于自己的青春辉煌！

六、实践思考

（一）思考题

影响孩子理想信念的因素是什么？如果孩子的价值观出现小偏差，家长应如何指导引领孩子？

【参考答案】

影响孩子理想信念的因素包括错误的成才观、个人价值观缺失、社会多元化价值观的存在等。

家长应正面引领，用典型榜样鞭策，注重职业生涯体验，让孩子志存高远奋发。

（二）情境题

电影《长津湖》公映后，很多家长都带着自己的孩子去影院观看，《长津湖》也成了孩子们平时热议的话题。小聪同学不想去看《长津湖》，他特别喜欢青春偶像剧和里面的流量明星。

小聪的做法对吗？为什么？家长应该怎样进行引导呢？

【参考答案】

小聪的做法是不对的。

他的个人价值观和理想信念出现了偏差，需要及时加以引导。

对孩子思想的教育引导具有开放性。孩子出现这种偏差一般是能找到原因的。与生活环境、家庭背景、家庭成员的价值观等都有关系。其实生活中有很多这样的场景，要结合实际情况选择合适的方法进行引导。但需要明确的是，伟大的理想信念可以成为孩子一生进步的动力源泉。

（三）案例分析题

张同学进入初中三年级后，和家长的沟通更少了，每天回家就把自己关进房间。吃饭时也很少和父母沟通，每次都是快速吃完饭就回自己房间了。对学习也没有兴趣，对未来表现出漠视，总之就是对学习、奋斗等都提不起兴趣，生活中离不开手机，父母教育也不起作用。

请结合本章节知识，为张同学的父母出谋划策。

【参考答案】

（1）看。这是了解外界事物的过程。可以用积极的事物进行引导，激发孩子的内在情感。从孩子愿意做的事情开始（可能家长认为没有意义）。可以看看电影（不一定是教育意义明显的影视作品，首先得是孩子感兴趣的，他才愿意去看。逐步可以观看一些有教育意义的影视作品）。还可以收看一些描写祖国大好河山和描写时代发展的作品或者纪录片。或者看一些有意义的书籍。逐渐减轻孩子对手机的依赖性，逐步培养孩子积极上进的态度和高远的理想信念。

（2）行。这是体验外界事物的过程。要有意识带领孩子进行积极的职业生涯体验，寓教育于行动之中。增加体育运动。用闲暇时间游历祖国山河，感受祖国的发展、科技的腾飞、人民的奋斗，用实际体验增强孩子的奋斗情怀。

（四）亲子实践活动

活动主题：聚焦“生命中的期待”。

要求：至少选择三个年龄点，让孩子写出自己期待的目标。

提示说明：

（1）可细化年龄点，聚焦短期目标。

（2）选择一个轻松的氛围和时段进行。可以通过小游戏的方式开始，不要让孩子产生抵触情绪，这样的结果才真实。

（3）过程中严谨把握，保证孩子深入思考，而不是真的只当成游戏。

（4）生活中可以有侧重地观察、引导、提示等。

（5）在孩子生活或学业有较大变化时，可以重复使用，加以修正。

七、智慧分享

（一）学习资料

家庭角色具体化

初三的孩子基本在 15 周岁左右，父母要有意识地把孩子的家庭角色在实际生活中体现出来。具体有以下三点建议。

（1）参与家庭决策的讨论。这能够帮助孩子逐步树立承担意识。在讨论家庭决策时，可以让孩子参与进来，参与讨论。注意，是真正参与进来讨论，而且要认真考虑他的意见，合理的意见要采纳。只有这样，才能鼓励他继续参加家庭决策的讨论。

摘自《不论事情大小，请让孩子参与到家庭事务的决策中！》（北京翰林鸿学教育韵文字经吴的博客）（有改动）

（2）分担一定的家务劳动。家庭中的一些事务可以让孩子有一定的分担。首先是完成自己的事情，如自己清洗内衣、袜子等小件衣物；定期整理自己的床铺、衣柜、书房等；其次是完成一定的家庭公共事物，如周末承担购买家庭成员的早点、拿快递、扔垃圾、参与家庭卫生的打扫等；最后是完成家庭临时性工作，也就是把他真正当成家庭中的一员，可以适当分担家庭事务。

摘自《不论事情大小，请让孩子参与到家庭事务的决策中！》（北京翰林鸿学教育韵文字经吴的博客）（有改动）

（3）拥有一定的决策空间。要给孩子一定的决策权力，主要体现在对时间和金钱的使用上。对于时间，父母不要把孩子平时晚上的时间和周末时间都安排得满满当当，要给他留出一定的自主时间，由其自行安排。对于金钱，父母也要定期给孩子一些零用钱，由其自行支配。既然是自行支配，父母切忌询问钱的去处，除非他自己愿意说。当然父母可以和孩子交流人际交往等处事原则。

摘自《给孩子决策空间 第五集》（智择优教育）（有改动）

以上方式能够让孩子更快体验到生活的责任与承担，比起说教更为有效。现在很多孩子理想信念缺失或者不能坚守自己的理想信念，无法在“生活的无忧”与“学习的艰辛”中找到契合点是其一个主要原因。

（二）推荐书目

1.《请党放心，强国有我》（刘俊彦，北京联合出版公司）

本书基于新时代党对青少年成长成才的要求，从理想信念坚定、道德品格优良、身体心理健康、勤奋刻苦学习、顽强奋斗进取、勇于创新创造等方面，深刻回答了新时代的中国青少年应该树立什么样的人生理想、如何健康成长的问题。激励青少年不负时代，不负韶华，不负党和人民的殷切期望，为实现中华民族伟大复兴的中国梦贡献青春力量。

2.《幸福是奋斗出来的》（曾万紫，中华工商联合出版社）

本书围绕“幸福”以及与“幸福”相关的话题逐渐展开，由小及大，由己及人地阐述了当代人应该如何理解和看待“幸福”，在人生的道路上应该以什么样的心态追求幸福，以及为了幸福该如何确定奋斗的目标和克服困难等等。该书内容丰富、语言生动、格调高雅、积极向上、催人奋进，不同年龄的人随心随意翻阅，都会得到精神的愉悦和心灵的震撼。话题以多维度立体化诠释，贴近生活，符合当今社会思潮。夹叙夹议，生动可感，兼有故事性和文学性，并以实例告诉人们，幸福是奋斗出来的，奋斗的人生最精彩。

（三）优秀影视作品推荐

和孩子一起阅读党史小故事，观看影视剧《潜伏》《悬崖》《中国机长》《大国工匠》等，了解中国共产党的伟大奋斗历程，增强家国情怀，把“小我”融入“大我”当中，从而体会到实现自我理想就是实现国家理想。

责任意识

从“国事”到“家事”——培育孩子正确的政治认同意识

一、指导目标

（1）帮助家长了解政治认同意识的内涵及重要性。

（2）引导家长认识到政治认同意识的培育不仅是学校和社会的责任，更是家庭的责任。

（3）指导家长树立正确的政治观念，在家庭教育中及时纠正孩子错误的政治言论与行为，培育孩子正确的政治认同意识。

二、现状分析

青年对中国之影响，崔卫平这样说道：“你怎么样，中国便怎么样。你是什么，中国便是什么。你有光明，中国便不黑暗。”青年的政治认同将影响国家之前途命运，正如习近平总书记所说的那样，“青年的价值取向决定了未来整个社会的价值取向，而青年又处在价值观形成和确立的时期，抓好这一时期的价值观养成十分重要。……人生的扣子从一开始就要扣好”，这正是政治认同意识教育的重大意义。

现在，信息流通发达使得多元文化迅速发展，随之而来的网络渗透、文化输入带来了良莠不齐的文化内容，影响着当代青年的政治认同。例如，2017 年的杨舒平事件、唐立培事件，2018 年的田佳良事件，2020 年的许可馨事件、季子越事件，均表现出部分青年强调自我价值与物质利益，一叶障目地看到别国的先进之处，辱骂自己的国家和文化，令人痛心疾首，这必须引起警惕和重视。

政治认同意识的家庭教育“有位”却“无为”。家长普遍认为培育政治认同意识是学校政治课程的任务或者是国家宏观层面理论宣传工作的任务，没有认识到培育孩子的政治认同意识不仅是“国事”，更是“家事”，忽视了家长作为孩子的第一任老师应当承担的思想政治教育工作。而且在教学实践中发现，很多家长更重视孩子语文、数学、外语的学习情况，对于历史、政治的学习情况漠不关心，在家庭当中与孩子交流的内容也少有涉及政治认同意识教育。

家庭政治认同意识教育研究有待加强。以“家庭教育”与“政治认同意识”为篇名在中国知网展开搜索，可以发现学术界关于家庭教育的研究集中在家庭教育立法、心理健康、留守儿童教育等多个方面；学术界关于政治认同意识的研究绝大多数集中在高校、高中政治认同意识教育的有效路径，关于初中生政治认同意识教育的研究较少，关于家庭政治认同意识教育的研究更少。

三、故事聚焦

站在国旗下的你在想什么

九月份开学季，新入学的孩子们像新钻出的枝丫，对新的校园生活充满了好奇与期待，对于即将到来的秋季运动会他们更是摩拳擦掌，跃跃欲试。

运动会这天，恰好是九月十八日，上午十点“九一八”防空警报拉响，我从办公室出来，走到走廊的窗户边准备默哀，无意间向楼下的小花园望去，看见两个女孩儿停下了匆匆的脚步，站在原地开始默哀，其中一个还略有顾虑地环顾了一下四周熙熙攘攘的人群，好在她没有受到别人的影响，和她的小伙伴一起默哀至警报结束，她们背对着我，身后的号码牌惹人注意。花园的另一边，一群男孩打打闹闹地走向操场，他们当中有人看到了这两个女同学在默哀，想要停下脚步，却被同行的人嬉笑着拽走了。我站在楼上恰好看见这一幕，既欣慰又惋惜。

运动会后便是中秋假期，孩子们感受过月饼的香甜和与家人团聚的喜悦，再回到课堂难免有些躁动。我站在讲台上滔滔不绝，孩子们在座位上窃窃私语。我叫起聊得正欢的倒数第二桌的小时同学，问道："新民主主义革命相较于旧民主主义革命，'新'在哪里？"

"不知道。"小时同学一脸不以为然地回答道。

"那新民主主义革命是什么时候取得胜利的？"

"不知道。"他还是嬉笑着回答。

全班哄堂大笑。我看着这个孩子格外眼熟，好像在周一的升旗仪式上见过他。

我又问道："你是护旗手吧？"

他好像没有预料到我会问这个，一脸疑惑地回答："是啊。"

"那老师问你，国旗是谁设计的？尺寸是多少？代表什么含义？你作为护旗手，升国旗的时候，站在国旗下心里在想什么？"

小时同学低下了头不再说话，我示意他坐下，和同学们讲起运动会那天我从楼上看到的那一幕，分析了那两个女同学和几个男同学的行为表现，突然间我更加明白了政治认同教育的重要性。小时同学站在国旗下在想什么我没有得到答案，但我相信这节课之后，小时的答案应该会有所不同。

四、剖析根源

政治认同意识是一个复合型概念，它不仅包括人们对于国家或政权的政治生活的高度认可和情感上的归属，还包括人们基于这种认知所展现出的与认知相符的行为举止等。所以，当孩子表现出政治认知模糊、政治情感淡漠等问题时，根源往往是复杂的。

（一）学生对政治学科学习的偏见

在第一堂政治课上，我向孩子们提出了两个问题："谈一谈什么是'政治'？你是怎样理解'政治'？"起初孩子们有所顾虑，当我鼓励大家说出自己真实的想法时，他们开始畅所欲言。有同学说政治就是一种宣传；有同学说政治很枯燥，没什么大用；还有的同学大胆说，政治不如说就是一种“洗脑”。很多同学在政治课堂上不好好听课，比如小时同学，正是因为从一开始就对政治带有这种偏见。还有很多同学问考试是不是开卷考，他们之所以这样问，很可能是由于是否开卷才是决定他们是否认真学习政治的标准。

（二）网络上历史虚无主义的侵袭

在现代社会，面对各种压力，人们需要通过娱乐来缓解压力、放松身心，纾解负面情绪。但若“恶搞”成为孩子的娱乐之一，则需要引起家长的警惕。尤其是一些作品通过对经典作品、英雄烈士、重要历史事件等的颠覆重构来制造“笑点”“笑料”，是严重的历史虚无主义行为。重要的是，中学生正是“三观”形成的关键时期，他们几乎每天都会接触手机，良莠不齐的短视频、真假参半的时事报道、一知半解的个人评论都会影响他们的政治认知，进而影响政治认同意识。

（三）家庭政治认同意识教育的缺失

很多家长认为，孩子的政治认同意识教育是学校和社会的责任，家长只负责孩子的品德教育和学习成绩的提高即可。而且家长普遍只重视孩子在初中阶段的语文、数学、外语学习成绩，对于政治学科的学习重视程度不够，间接导致了孩子们不爱学政治、不认真学政治。习近平指出：“对一个社会来说，家庭的生活依托都不可替代，家庭的社会功能都不可替代，家庭的文明作用都不可替代。”家长们需要明确，政治认同意识教育不仅是“国事”，更是“家事”，家庭在政治认同意识教育当中承担着至关重要的角色，具有不可替代的作用。更重要的是，很多时候孩子是以家长为榜样的，家长的无心之举或错误言论会直接影响孩子的政治认知，甚至造成孩子错误的政治认同意识。

五、指导策略

每一个孩子从呱呱坠地开始，就迈入了人生中的第一个课堂——家庭。俗话说，父母是孩子最好的老师，孩子也是父母的一面镜子。家长的所作所为会在一定程度上影响孩子的观念和行为。因此，对于孩子的政治认同意识教育，家长需要注意以下几点。

（一）家长以身作则，树立正确榜样

家长要接受社会环境的积极影响，抵制社会环境的消极影响，自身注重政治学习，自觉地提高自己的政治修养。例如，面对网络上的历史虚无主义等现象，要经过深思熟虑谨慎地发表自己的言论，切不可在不知全貌时一知半解地随意谈论，引导孩子要为自己的言行举止负责；再如家长在使用手机等电子产品时，应自觉讲品位、讲格调、讲责任，自觉摒弃低俗、庸俗、媚俗的低级趣味，自觉反对拜金主义、享乐主义、极端个人主义的腐朽思想，并控制好自己和孩子的电子产品使用时间，协助学校做好“五项管理”规定中的手机管理，但不能简单粗暴地没收孩子的手机，而是采取言传身教的方式，在家庭的日常生活中潜移默化地影响孩子，从而为孩子树立学习的榜样。

（二）抓住教育机会，关注孩子发展

现在很多家长长期忙于工作，在孩子的成长过程中未能尽责；只关心孩子的学习情况，对于孩子日常表现出的错误言论与不好的行为没有及时更正；隔代溺爱更是让孩子变得以自我为中心，如此一来便会导致孩子在一个失衡的环境中长大。家长应当时刻关注孩子的政治认同意识发展状况，及时抓住教育机会，在孩子在犯错误的当下就给予正确的教育，告诉孩子为什么不能这样做，应该怎样做等。

同时，要利用好重大节日等时机对孩子进行政治认同意识教育。例如，在观看春节联欢晚会的时候，向孩子讲述京剧、相声等中国传统文化相关知识，培养孩子的文化认同；在建党节时，与孩子观看一部党史电影，互谈感悟，培养孩子的道路认同；在国庆节时，与孩子观看阅兵、升旗仪式等，培养孩子的国家认同；等等。在节日的氛围中春风化雨般地培育政治认同意识，效果较好。

（三）不同成长时期，采取不同方式

在孩子成长的各个阶段，要采取不同的教育方式才会有效。在少儿时期，家长可以更多地进行启发式教育，例如创设情景、提出问题，启发孩子的政治思想；在青少年时期，孩子会有从众心理，所以有些时候表现出的政治言论和行为未必是自己内心真正的想法，家长切记不可采用粗暴的教育方式，应当适当地加以引导；在青年时期，孩子独立自主的人格已经普遍养成，在与孩子的交流过程中，应该给孩子多一些独立思考的空间，鼓励其发表自己的言论，但面对明显错误的言论要及时纠偏。但无论在哪一个时期，家长都不能提倡“唯成绩论”，不能以成绩作为评价孩子的唯一标准，从而错失政治认同意识教育的良机。

（四）增进家庭互动，采用民主决策

家庭教育要注重与孩子之间的双向互动，而不是家长的“一言堂”。在任何时候，孩子都是一个独立完整的个体，作为家长应当尊重孩子的想法，严宽适度，平等沟通。缺乏沟通和互动的家庭，家长其实很难发现孩子的政治认同意识情况，因此，家长要不断增进家庭互动，例如，对于某一则社会热点新闻，家长可以与孩子共同探讨各自的看法，在一次次的交流互动当中发现问题、分析问题并解决问题，促进政治认同意识的培育。

家长在进行孩子教育工作时必须摒弃那种专制型的教育方式，努力营造良好的家庭教育环境，鼓励孩子积极参与家庭事务的决策，从而给孩子创造一个自由、民主的家庭生活空间。在家庭民主决策的过程中，孩子能够感受规则，形成价值判断，体会民主决策的优越性，逐渐形成对我国政治制度的认可和认同；同时也会在心中种下政治参与的种子，逐渐形成参与政治生活实践的自觉性与积极性。

六、实践思考

（一）思考题

你是怎样理解政治认同的？（　　）。

A. 对伟大祖国的认同

B. 对中华民族的认同

C. 对中华民族文化的认同

D. 对中国特色社会主义道路的认同

【参考答案】

ABCD

（二）**情境题**

2020年伊始，新型冠状病毒肺炎疫情便打破了农历新年的平静，在这一场无声的战争之中，举国同舟共济、众志成城。但幸福花园社区却上演了这样一幕：

小李上周被公司派去北京出差，刚回到家里就接到社区的电话，按照疫情防控要求小李居家健康监测3天，这下急坏了小李。小李向社区工作者说道："我手头一堆工作等着向领导汇报，而且我自己身体健康没有任何问题，也没有去过疫区，凭什么要自我隔离？你们管这么严有用吗？"

请你和孩子情境重现，扮演小李和社区工作者，解决这一问题。

【参考答案】

首先，安抚小李的情绪，理解对方急躁的心情。其次，要讲明配合疫情防控是每个公民的责任和义务，这也是为了自己和他人健康安全着想，隔离措施是被迫的选择也是目前而言最优的选择，我们要尊重国人为防控所做的努力。在疫情面前，没有人可以要求被特殊对待，遵守规定共克时艰是唯一的选择。最后，可以为小李提供建议，例如采取线上办公的方法等。

（三）**案例分析题**

小明的妈妈翻看小明的《道德与法治》教材时发现，插画上的抗日民族英雄杨靖宇，被淘气的小明画得痛哭流涕，旁边还画着一面日本国旗。小明的妈妈生气地问这是怎么回事，谁知小明理直气壮地说："我同学说，书上都是假的，黄继光用身体堵得住机枪子弹吗？邱少云趴在火里一动不动不违背生理常识吗？"

请问，小明的行为是正确的吗？如果不是，小明的妈妈应该怎么做呢？

【参考答案】

不正确。小明妈妈应及时纠正小明错误的言论。首先，教育小明作为学生应爱护自己的书本，不应该随意乱涂乱画；其次，告诉小明，如果没有先辈们抛头颅洒热血，也就没有我们今天的幸福生活，身为中国人，我们应该热爱我们的国家，敬重我们的英雄；最后，要让小明平时多学习历史，学会从书本上找答案，而不是轻信他人的言论。

（四）亲子实践活动

请家长与孩子共同绘制近代中国的历史事件轴，体会中国共产党的领导是历史和人民的选择，体会百年征程波澜壮阔，百年初心历久弥坚。

注意事项：绘制历史事件轴切忌只求速度不求质量，具体可参考孩子历史、道德与法治等学科的教材，共同观看《建党伟业》《建国大业》等影视作品。对于孩子比较模糊的历史时间节点，可以通过网络查找资料，帮助孩子理清。注意要在前期准备、中期实践、后期总结的过程中，对于亲子活动的内容加以价值升华。

七、智慧分享

培育青年一代的政治认同意识并非一朝一夕能够完成的，这是国家长治久安的重要工作，也是家长一生的事业。如果家长想要更深层次地研究当代中国的政治以及政治认同，可以阅读《当代中国公民政治认同研究》《当代中国政治》等有关书籍，这些书从中国的历史与现实出发，全面指出了中国新型政治体系的合理性与可行性以及培育当代中国公民政治认同的方法路径。同时，还可以在中国知网搜索《教育学报》《教育研究》等核心期刊的相关文章，掌握最新前沿的教育教学动态，协同学校和社会，共同致力于教育事业的发展。

（一）学习资料

加强家庭教育对提高青少年政治认同的影响

转变家长教育观念，选取良好的教育方式。家长需要转变自我教育观念，重视孩子政治价值观的教育。一般来说，我国家庭教育中关于政治观的教育主要是潜移默化的，并没有进行专门的教育。作为家长，为了孩子的美好未来，应该转变教育观念，不要将学习成绩作为评价孩子是否优秀的标准，要注重青少年心理方面的教育，这就包括政治观的教育。家长在进行孩子的教育工作时，必须摒弃那种专制型的教育方式，努力营造良好的家庭教育环境，鼓励孩子积极参与家庭事务的决策，从而给孩子创造一个自由、民主的家庭生活空间。家长可加强青少年从小对政治符号的认知。同时，帮助青少年从小养成良好的责任意识，学会对自己负责，才能对家庭、社会、国家负责，增强其对社会的责任感。

提高家长自身的政治理论素质，树立坚定的政治理想信念。政治信念的坚定首先来源于理论上的清醒认识，这就需要重视政治理论的学习，加强自身的思想政治修养，保持正确的政治方向。以正确的态度对待马克思主义理论，面对当前西方社会思潮的侵入，要认清这些思潮的本质，培养自身坚定的政治理想信念。家长应引导青少年积极应对西方社会思潮和网上不当言论的负面影响，帮助青少年树立正确而坚定的理想信念。

规范家长的言行，发挥家长积极的示范效应。示范效应是目前家庭教育中最为有效的一种方式。家长对待政治的态度和政治言行，如对政治活动感兴趣的程度，或者对待法律、规则的态度，都可能影响到青少年的政治行为。因此，家长应理性、客观地对政治事件和政治人物进行评价，并在这一过程中对青少年政治价值观进行引导，从而发挥家庭教育在青少年政治认同形成和发展过程中的积极影响。

家长应提高自身的政治参与积极性，并提升青少年政治参与能力。首先，家长需要适时地提高自身参与政治活动的积极性，为青少年子女起到良好的带头作用。其次，青少年作为一个独立的个体，拥有自己的思维方式、处事方式，家长需要在理解和尊重他们的基础上进行教育。家长可以鼓励青少年参与家庭决策，多参加社会实践，从而激发他们积极参与群体、组织的活动，提高他们的政治认同。

家庭应配合学校提高青少年政治认同。当前，学校仍然是对青少年进行政治观教育和培养的主要阵地。因此，要努力让家庭参与到学校教育中来，使之与学校教育和谐统一，以发挥教育合力作用。家长要主动与学校取得联系，学校也要强化与学生家长之间的联系。加强家长和学校之间的交流，可通过信函、电话、手机等多种方式，拓展家长与学校之间的沟通渠道，在此过程中，家长要积极配合学校的教育，两者联合，共同提高青少年的政治认同意识。

摘自《家庭教育对青少年政治认同的影响分析》（有改动）

强艺璇，《黑龙江教育学院学报》，2016（6）

（二）推荐书目

1.《当代中国公民政治认同研究》（胡建，中国社会科学出版社）

该书明确中国公民在治理绩效认同、制度规则认同、意识形态认同等方面所出现的积极变化以及存在的问题和挑战，以此反映出改革开放以来中国公民政治认同的动态变化及阶段性特征；对影响当代中国公民政治认同状况的诸多变量和因素进行具体分析，力图全面阐释中国公民政治认同问题产生的原因；从战略上即价值规范层面分析政治认同建构的价值理念和基本原则，并对当代中国公民政治认同建构的具体路径进行深入分析。

2.《当代中国政治》（许耀桐，中国人民大学出版社）

本书立足中国国情，围绕政治的基本问题，阐释了当代中国的政治思想、政治体制改革、基本政治制度、政治领导力量以及政治发展的方向和目标，论述了人民代表大会制度、中国共产党领导的多党合作和政治协商制度、民族区域自治制度、基层群众自治制度以及民主政治理论与实践的发展。通过本书，可以了解与把握当代中国政治的基本情况和政治特色、政治优势。

参考文献

[1] 崔卫平 . 为什么你所站立的地方正是“你的中国”[J]. 求知导刊，2014（2）：150-154.

[2] 习近平 . 青年要自觉践行社会主义核心价值观——在北京大学师生

座谈会上的讲话 [N]. 人民日报， 2014-05-05（1）.

[3] 习近平 . 在会见第一届全国文明家庭代表时的讲话 [N]. 人民日报，2016-12-12（2）.

[4] 佚名 . 国家广电总局召开广播电视和网络视听文艺工作者座谈会 [J]. 广电时评，2021（18）：5-6.

[5] 强艺璇 . 家庭教育对青少年政治认同的影响分析 [J]. 黑龙江教育学院学报，2016，35（6）：7-9.

生涯规划

探秘职业绘未来——和孩子一起进行职业探索

一、指导目标

（1）指导家长初步了解生涯教育，唤起孩子职业意识。

（2）帮助家长协助孩子梳理兴趣职业，进行初步职业探索。

（3）提升家长辨析孩子的优势的能力，可以协助孩子对未来发展做好积极的心理准备和学业规划。

二、现状分析

生涯教育又称生涯规划教育或生计教育，是指帮助学生根据自身的天赋、兴趣及未来社会的职业需要，确定自己的学业和职业发展生涯，以最大限度地提高自己的人生职业发展效率，引导个体进行并落实以职业生涯规划为主线的综合性教育。

初中生处于生涯发展从成长阶段向探索阶段的过渡时期。在兴趣的发展上，个体逐渐出现了稳定的学科兴趣，开始把学科的兴趣与自己的未来发展统一，也为职业探索做好了准备，为进行职业探索奠定了前期基础。

目前的家长和学生普遍认为生涯教育是高中阶段的任务，中考结束后有的学生会升入高中，有的学生则会进入职业学校进行学习，忽视了初中这个承上启下的重要衔接阶段，加之对招生制度改革并不关心、不了解，存在只重视学习成绩而忽视个体的全面发展，只关注获得知识而忽视学习真正的价值意义的现象。缺乏从不同视角聚焦于自身特定而独特的、全方位的发展的过程；缺乏对关注学业与关注自我和外部世界发展的整合；缺乏对适应未来社会的知识、能力、态度的培养，缺乏实现全面发展、终身发展的前瞻性的教育视野。

《中小学心理健康教育指导纲要》（2012 年修订）中规定初中年级要把握升学选择的方向，培养职业规划意识，树立早期职业发展目标。

2014 年《国务院关于深化考试招生制度改革的实施意见》确立立德树人，适应经济社会发展对多样化高素质人才的需要，促进学生健康发展、科学选拔各类人才和维护社会公平的改革指导思想，以“增加学生选择权，促进科学选才”为原则，健全促进公平、科学选才、监督有力的体制机制。

三、故事聚焦

从“科幻迷”到立志未来

小宇是九年级的学生，在看了电影《流浪地球》后，开始迷恋上各种科幻小说。除了写作业，他把所有的时间都用来阅读各种科幻小说，也是好多科幻论坛的常客。随着阅读量的增加，他从一开始的旁观者，变成了一个活跃分子，在和这些伙伴的交流中，小宇感觉仿佛走进了一个新世界。在新世界里遨游的他丝毫没有注意到自己的学习成绩在下降，但不知道为什么，越是着迷于科幻世界，小宇的内心越迷茫。

小宇的班主任是位物理老师，他发现最近小宇的各科成绩都有所下降，有的学科老师反映小宇上课时总是望着窗外发呆，有时还会看课外书。班主任仔细观察，发现小宇确实总走神，但是班主任也发现小宇对物理和化学方面的知识比以前更感兴趣了。为了帮助小宇，找到其中的原因，班主任和小宇进行了一次长谈。当问及小宇原因时，小宇把自己对科幻世界特别感兴趣的事说了出来，还把他在知乎上的发现告诉了班主任，小宇说有几百万的人在关注科幻，他为什么不能喜欢科幻呢？听了小宇的话，班主任对小宇说：“你知道吗？我也非常喜欢科幻作品，不仅如此，在许多科幻论坛上还活跃着北师大科幻文学博士、国家天文台的研究员和一些相关学科的专业人士，在这些参与者的背后你感受到了什么？”听着班主任的问题，小宇陷入了沉思，从小众文学到科幻世界，其实所折射出的是国家与社会的创新发展。他们所探讨和交流的都是以科学精神和科技发展为支撑的，并不是简单的对科幻故事的讨论。想到这里，小宇好像一下子明白了自己内心的迷茫到底是什么。

从那之后，小宇把这份“迷恋”转移到了物理知识、天文学的知识上。他希望在未来的某一天，他也能够成为一名科技工作者，为中国梦添砖加瓦。

四、剖析根源

根据马斯洛的需求层次理论，当人们的基本生理和安全得到满足后，就会追求心理需求、精神需求，具体包括归属感和爱的需求、自尊的需求以及自我实现的需求。确立人生目标和理想，并在人生道路上努力实践，既可以满足人的精神需求，也是在实现人生的自我价值。

对未来的梦想或理想是青少年形成自我认同感的重要发展任务之一。每个青少年在青春期这个特殊阶段都会遇到不同程度的冲突，比如会把虚幻的东西当作现实，这是现实生活和理想的冲突；或是由于对自己的满意度不高而造成低自我评价等。这个阶段需要协助青少年寻找生活的意义，认识到个人理想与现实，在这个过程中寻找方向，追求美好的目标，树立积极的人生观，使他们对未来生活有着积极的态度和追求。“星辰大海”的榜样们既树立了道德标杆，也是指引梦想的领航员，让青少年既要脚踏实地努力学习，又要仰望天空遥望更远的世界。

中学生小宇在“粉”上刘慈欣后，喜欢上了物理和天文学，在科技的世界里，他找到了自己的学科兴趣，为自己的未来确立了职业方向，也为自己的学业发展提供了强有力的内驱力。一个人如果可以根据自己的兴趣爱好选择未来的职业，那么他会在其中享受到充分的快乐，能力会得以最大限度地发挥，同时也会在这个过程中不断挖掘自身潜力，不断为自己的职业目标而努力。由此可见，由孩子主动、自觉做出适合自己的选择，是最能促进他们行动的，也是最能充分展示其才能的。

当今青少年是肩负强国之梦的一代，担负国家的重任和时代的使命。

故事中的主人公不仅是中学生小宇，更是以他为代表的青少年一代。没有哪两片叶子的形状是完全一样的，孩子也是如此，正是因为各不相同，所以才能差异化发展。每个孩子都需要积极发现内心的渴望，寻找个性化发展的机会，在实践中明晰自己的理想，以积极的态度和顽强的拼搏精神走向明天。

五、指导策略

新高考改革是未来进行人才选拔、学生培养体系的变革，也是未来社会发展对人才需求的必然趋势。这种多元的方式，多维度的发展策略是学生突破自己、多元发展的机会。教育综合改革不仅影响着高中生还影响着初中的学业，如体育增加了考试分值，历史、道法（即道德与法治）纳入了中考。2021 年 10 月，中共中央办公厅、国务院办公厅印发了《关于推动现代职业教育高质量发展的意见》，对推动现代职业教育高质量发展提出了重要意见。作为家长应详细了解相关政策，尽早从“了解自己”“了解自己与环境的关联”“了解教育与职业资讯”三个方面协助孩子进行生涯准备。

孩子在“了解自己”的过程中，可以围绕特质、兴趣、能力、价值观等方面；在探索过程中可以借助一些辅助工具，如生涯彩虹图、霍兰德职业兴趣类型等，从而了解知道自己在兴趣、能力方面的发展状况，知道自己有什么明确的优势劣势，结合内外部环境做出较为科学的定位，制定合理的学业目标。

个人的发展和规划与社会的发展、需求息息相关，而家庭会影响学生未来发展方向和目标的实现。在“了解自己与环境”的过程中，可以集中了解社会的发展趋势，建议家长可以在日常生活中指导孩子关注社会时事，多和家长、老师进行沟通，丰富视野，将自己的优势、劣势、资源进行梳理，尽可能发挥优势、长项，对劣势则聚焦于如何解决和避免。

在“了解教育与职业资讯”方面，家长可以协助孩子通过大学网站、专业的生涯教育网站进行资讯的收集，比如在收集教育资讯方面，可以从感兴趣的职业入手，广泛认识各职业的特性，了解与此相关的专业，了解高考时的科目要求，知道高考改革对中考的影响和初中阶段的学科对高中学习的作用，并以此为依据制订初中升学计划，根据目前的学业状态初步确立就读高中还是选择职业学校，还可以对心仪学校的环境和软硬件设施、地理位置和人文环境等进行初期了解。

六、实践思考

（一）思考题

什么是生涯教育？初步的职业探索对初中生有什么积极意义？

【参考答案】

生涯教育又称生涯规划教育或生计教育，是指帮助学生根据自身的天赋、兴趣及未来社会的职业需要，确定自己的学业和职业发展生涯，以最大限度地提高自己的人生职业发展效率，引导个体进行并落实以职业生涯规划为主线的综合性教育。

初步的职业探索的积极意义如下：培养规划意识，完善自我认识，知道自己的兴趣，了解自己的能力，探索未来的发展，促进学业的进步，增强自我规划能力。

（二）情境题

“孩子只要成绩好就是成才的表现”这样的表述是否正确，为什么？

【参考答案】

只重视学习成绩而忽视个体的特质表现，只关注获得知识而忽视学习真正的价值意义是不全面的。缺乏从不同视角聚焦于自身特定而独特的、全方位的发展的过程；缺乏对关注学业与关注自我和外部世界发展的整合；缺乏对适应未来社会的知识、能力、态度的培养，缺乏实现全面发展、终身发展的前瞻性的教育视野。

（三）案例分析题

漫游职业星空

和孩子交流彼此知道的、喜欢的职业，并完成“体验 HR——补齐招聘启事”（本招聘启事参考某互联网集团招聘网站）。

◎招聘职务：法务专家。

◎岗位描述：了解相关项目的政策、法律风险，拟定、审核各类法律文件，进行各类风险评估和建议，提供专业的法律意见，处理公司业务中的各种法律问题。

◎岗位要求：

※ 年龄____________________________；

※ 学历____________________________；

※ 性别____________________________；

※ 身体条件__________________________；

※ 工作经验__________________________。

◎专业及能力要求（在认为需要的条件上打√）。

□相关工作经历五年以上；

□司法考试已合格；

□英文能力良好，大学英语四级及以上；

□熟悉项目法律、法规及政策；

□有良好的沟通能力，能够与团队协作。

（四）亲子实践活动

1. 触摸职业榜样

你的职业榜样是谁？

孩子的职业榜样是谁？

为什么？

2. 畅想未来职业

◎未来想要从事哪类或哪个职业？思考并梳理适合并且最希望尝试的

职业；

首选 1：　　　　　　备选 1：　　　　　　备选 2：

◎对首选职业感兴趣的原因是什么？

◎结合感兴趣的职业，围绕以下内容交流并记录：

	自己拥有的	希望尝试的职业需要的
性格		
能力		
优势		
其他		
还有哪些方面需要提升,在学业方面需做哪些规划和准备		

七、智慧分享

初中阶段的生涯教育，着重于个体生涯规划的引导，理清中考后的发展方向，而不是确定最终的生涯目标。这种引导和思考更关注建立正确的生涯观念，学习一些生涯规划的方法，对自己有更全面的了解，扩展未来发展的视野，为升学与择业做好学业准备和心理准备。

（一）学习资料

感动中国人物谢军：擦亮北斗“国家名片”

“你把时间无限细分，你让速度不断压缩；三年一腾飞，十年一跨越；当第五十五颗‘吉星’升上太空，北斗照亮中国人的梦。”

2021 年 2 月 17 日晚，北斗卫星导航系统工程副总设计师、北斗三号卫星首席总设计师谢军入选央视“感动中国 2020 年度人物”。在电视荧屏上，这位“用北斗照亮人生坐标”的老航天人平静地表示，这些年确实值得很好地总结，下一步还得继续发力。

时间倒退至半年前，2020 年 7 月 31 日，北斗三号全球卫星导航系统正式开通。在开通仪式现场，谢军掩饰不住激动：“作为一名共产党员，我有幸投身北斗这项伟大的事业，见证它一步步成长，实现服务国家、造福全人类的目标，无比光荣。”其实，为了这一刻，谢军已苦苦奋斗了超过 16 个年头。

谢军出生在一个共产党员家庭，在家庭氛围的熏陶下，他一直品学兼优，1978 年以优异成绩考入国防科技大学，就读于电子工程系雷达专业。入学后不久，学校组织新生前往韶山参观毛主席故居，领袖的成长故事深深震撼了他，“在那样困难的情况下，毛主席都能毅然投身革命，这就是共产主义信仰的力量”。谢军铺开信纸，用钢笔郑重写下了入党申请书，“我愿为祖国富强奉献自己的全部力量”。

1981 年，谢军圆梦，成为一名光荣的中国共产党党员。在此后的 40 年里，“为祖国奉献全部力量”的信念一直激励着他，攻克一项又一项技术难题，完成一个又一个型号任务。

1982 年，大学毕业，谢军投身航天事业，来到中国航天科技集团五院 504 所，从一名天线技术员干起。“很聪明，干起活儿又很拼”是同事对这个小伙子的一致评价。有一次野外测试，谢军二话不说爬上了数十米高的测试塔架，在高处他感觉头晕目眩，四肢无力。

塔下的同事发现不对劲，赶紧把谢军接应下来。大家这才知道，谢军有恐高症，只是一直没说。在 504 所，谢军先后参与了东方红二号甲通信卫星、风云二号气象卫星等重大项目的研制。他也从一名技术员成长为 504 所的主要负责人。

2004 年，我国正式立项建设北斗二号卫星导航系统。时间紧、任务重。一纸调令，谢军被召唤进京，出任北斗二号卫星系统总设计师。这是一项前所未有的浩大工程。北斗二号系统要服务整个亚太地区，需要 14 颗卫星，任务量是北斗一号系统的 3 倍以上，无论是产品数量还是技术难度都比北斗一号卫星大很多。更紧迫的是时间！导航卫星的频率资源和轨道位置资源自申请起有 7 年时限，一旦超时不用就将作废，2007 年 4 月 17 日就是最后的时间节点。

全力冲刺！五院北斗二号研制团队优化流程，加班加点。2007 年大年初七，五院北斗二号卫星试验队进驻西昌卫星发射场，并成立了临时党委，由谢军担任党委书记。大家全力以赴，只有一个信念："把卫星打上太空，尽快启用，保住我们申报的频率。"4 月 14 日凌晨，长征火箭成功发射，将北斗二号系统第一颗中圆轨道试验卫星送入太空。两天后的 16 日晚 10 时，这颗卫星发送的信号成功抵达地面。此时距离国际电联规定的空间频率申请失效时间，仅剩 2 个小时。在西安飞控中心大厅，谢军和同事们紧紧拥抱在一起。

2009 年，在北斗二号系统稳步建设的同时，北斗三号系统立项。这次的目标是面向全球提供服务，这对卫星、系统都提出了更高要求。关键技术必须自主创新，作为北斗三号卫星首席总设计师，谢军辗转北京、上海、西安、兰州等地，与各研制单位沟通每一个技术方案。他要求极高，即便是最熟悉的老部下，只要活儿没干好，谢军照样拍桌子。北斗卫星导航，必须使用高精度、高可靠性的星载原子钟。做产品试验时，谢军一直守在车间，36 个小时没有合眼。最终，研制团队啃下了关键核心技术，北斗三号卫星单机和关键元器件国产化率达到 100%；北斗系统全球实测水平定位精度均值达到了惊人的 2.3 米，通过地基增强、精密单点定位，还能提供最高达厘米级的定位服务。

如今，北斗三号全球卫星导航系统在各领域大显身手。在北京，安装了北斗终端的物流车每天将商品准确送达千家万户；在京津冀，北斗智能装备助力京张高铁高效、精准运行；在茫茫大洋，北斗设备可以让船员随时报告位置，一旦遇险及时求救……

北斗好用、用好北斗，一直是谢军的心愿。现在他和同事们还在全力做好卫星的在轨运行管理与技术支持，"要让北斗卫星安全稳定运行，提供连续可靠的信号、多样优异的服务。"谢军说，面向下一代卫星导航系统的论证研究也已经开始，目标是到 2035 年建成更加泛在、更加融合、更加智能的国家综合定位导航授时体系，为智能化、无人化发展提供核心支撑，服务全球，造福人类！

（二）推荐书目

1.《优秀青少年一定要学的 18 堂理想课》（郭志刚，北京工业大学出版社）

青少年想要读懂自己的人生，就要将人生分解为一个个小的组成部分，然后慢慢体会和感悟。人生既是一段段多彩的生命历程，也是人从幼年、青年、壮年到老年的身体和精神蜕变。涉世不深的青少年应该如何理解人生、面对现在和未来的生活？本书针对青少年的年龄、性格、心理、能力等各方面的特点，为广大的青少年读者精心打造了一本科学、可读的人生读本，让青少年能够切身体会和感悟人生，创造更多的人生价值。本书分为十八个章节，涉及培养积极的人生态度、激发生活热情、锻炼生存能力、拥有高尚的人格品质、学会承担责任等方面的内容，能够具体地帮助青少年读者全面了解人生、提升自我。

2.“青少年职商养成系列”丛书（Ellyn Sanna 等，中国劳动社会保障出版社）

优秀的品质可以帮助青少年找到称心的职业，职业发展的关键之一在于良好职业素养的培育。“青少年职商养成系列”丛书向读者讲述了品质高尚者如何致力于道德领导，如何妥善处理职场中的是非问题，如何在肯定的选择间做出更优的选择，从而使读者以更高层次的品质来应对未来，合理选择职业。

参考文献

[1] 中华人民共和国教育部 . 中小学心理健康教育指导纲要（2012 年修订）[M]. 北京：北京师范大学出版社，2013.

[2] 林崇德 . 中学生心理学 [M]. 北京：中国轻工业出版社，2013.

[3] 林崇德 . 发展心理学 [M]. 北京：人民教育出版社，1995.

[4] 吴航 . 家庭教育学基础 [M]. 武汉：华中师范大学出版社，2010.

[5] 王建明，赵林 . 为自己的青春做主：高中生生涯规划教程 [M]. 上海：华东师范大学出版社，2014.

[6] 王曦 . 高中生学业发展指导手册 [M]. 北京：知识产权出版社，2016.

[7] 萨克尼克，班达特，若夫门 . 职业指导：职业生涯规划教程 [M]. 7 版 . 北京：中国劳动社会保障出版社，2005.

身体健康

增强体质勤锻炼——培养孩子锻炼身体的习惯

一、指导目标

（1）帮助家长认识锻炼习惯对孩子增强体质的重要意义。

（2）帮助家长走出教育误区，培养孩子良好的锻炼习惯。

（3）帮助家长多元化指导孩子进行锻炼，培养孩子的意志品质。

二、现状分析

身体素质是人体各项机能在日常生活中的综合表现，是衡量体质状况的重要指标之一，反映各器官系统的外在能力，包含力量、速度、耐力等多个方面。锻炼习惯，是人体经过长期的体育锻炼，不断适应活动需要，养成自动化的行为模式。因此，增强身体素质，培养良好的锻炼习惯，对人体健康有着重要意义。

2010 年，我国进行了第六次大规模学生体质与健康调研。结果显示，不同学段学生的体质健康仍存在诸多问题。一方面，全国学生身体素质存在许多问题，如学生的耐力、速度等素质持续下降；另一方面，学生的体质健康存有隐患，如中小学生肥胖率不断攀升等。呈现出的问题大多由学生缺乏体育锻炼、缺少良好的锻炼习惯造成。因此，增强学生体质、培养锻炼身体的良好习惯具有重要意义。现实生活中，受年龄、经验、环境等条件制约，加之学校教育、家庭教育的不同影响，学生之间差异明显：部分学生对体育锻炼理解准确，重视身体健康，热爱锻炼，积极参加各项体育活动；部分学生锻炼意识淡薄，热情度低，较少进行锻炼活动。可见，认知差异、习惯优劣等造成了学生身体素质参差不齐。同时，一些家长低估了身体素质对学生身心发展及生活学习造成的影响；忽略了锻炼习惯对学生的意志品质、经验能力等综合素养的提升作用。还有一些家长在生活中粗枝大叶，对孩子漠不关心，把教育的重担全部推给学校和老师。恰当的教育观念和良好的锻炼氛围，对孩子有着潜移默化的影响，也是培养孩子锻炼习惯、增强身体素质的坚实基础。

近几年，国家高度重视学生健康，出台了《中小学健康教育指导纲要》《中共中央 国务院关于加强青少年体育 增强青少年体质的意见》等一系列重要文件，提出具体的改善措施。学校采取有效措施，切实规范校园体育文化，不仅有助于学生提高身体、心理等各项机能，还在养成习惯、提升素质、培养品质等多方面具有促进作用。当前形势下，构建和谐有序的家庭教育，营造健康良好的锻炼氛围势在必行。帮助家长认识锻炼习惯对孩子增强体质的重要意义，多元化指导孩子进行锻炼，培养良好的锻炼习惯和意志品质，成为当务之急。

三、故事聚焦

吾辈当自强，看我少年郎

“老……老师，我……我跑不动……了。”话音未落，小明应声倒下，坐地不起。

望着眼前脸色煞白、气喘吁吁的“小胖”，班主任张老师满怀焦虑。一路搀扶小明到教室休息，张老师拨通了小明妈妈的电话。

“喂，小明妈妈吗？孩子刚才跑步，身体反应剧烈，您接孩子去看看吧……”

小明是一名中学生，因为体形比同学“大上两圈”，大家戏称他为“小胖”。平日跑操，家长给请假是家常便饭；今天锻炼，跑完一圈小明就上气不接下气了。

倍感担忧的张老师当晚就进行了家访，希望进行全面了解。

刚进家门，张老师看到小明的爸爸瘫坐在沙发上，玩着手机，一旁的小明也乐在其中。看到老师，父子俩才放下手机，起身迎接。

张老师了解到：小明有肥胖、近视等多项身体问题，尽管如此，他依旧对零食爱不释手，对手机念念不忘，对运动嗤之以鼻。最近，小明变得不爱说话，在家和学校都喜欢独处，整天一副闷闷不乐的样子。

“张老师，您看这孩子天天光吃不动，都胖成什么样了！”只见小明妈妈怒目圆睁，手指直指小明，恨不得戳进小明的脑袋。她继续说道：“他们正是长身体的时候，我每天做饭，蔬菜、鱼肉外加水果，顿顿不少、样样齐全。他可倒好，专挑自己爱吃的那几样……”

冲动的怒骂只能泄一时之愤，不能解决问题。

张老师摸了摸小明的头，声如轻风：“小明，老师感觉你有些孤独和焦虑，能和老师说说吗？”“老师，我特别讨厌别人嘲笑我胖，还有看我的眼神。临近体考，我也想取得好成绩，可……”说着，小明低下了头。

“爱美之心，人皆有之。正如我们喜欢翠竹松柏，它们外表挺拔、内在高尚，不是吗？”凝望着点头的小明，张老师目光如水：“以前跑操请假，现在主动参加。小明也在努力改变啊，老师看在眼里，记在心上。坚持不懈，相信你一定能成功……”接着，张老师转向小明的爸爸、妈妈，说：“爸爸妈妈也要成为小明成长路上的助力，一味指责只能适得其反。”

张老师的话触动了小明柔软的内心，他下定决心：不达目的，誓不罢休。小明的爸爸妈妈也表示一定要配合老师，陪着小明一起进步。自那之后，小明也曾屡屡碰壁：面对嘲笑，心生愤懑；努力无用，心生退意；未达终点，心有不甘……一次次，老师化指责为引导；一次次，家长变斥责为鼓励。终于，学校里活跃着积极跑步、坚持锻炼的身影；家中出现勠力同心、全力以赴的画面……

立破岩翠竹萌生意，咬青山苍林觅春光。师生共融，春风化雨；家校互通，砥砺前行。本是吾辈当自强，看我少年郎！

四、剖析根源

青春期的初中生，身体和心理都在悄然发生翻天覆地的变化。他们萌生更强的自主意识，极易受环境影响等。现在从家庭和个人两个角度，观察“小胖们”的成长记。

（一）家庭因素

1. 观念错误引发健康问题

当今家庭中父母对孩子都是百般呵护，其他长辈也时刻关注孩子，他们高度重视孩子成长必需的营养，全面均衡搭配膳食。但有时候会过犹不及，因为重视不等同于无原则，关切不等同于无底线。一味付出，往往会出现做多吃少、爱吃多吃、不爱不吃的情况。俗话说：“慈母怀中出逆子。”长此以往，过分溺爱会引发孩子的健康问题，不容忽视。

如故事中的小明妈妈便过分强调孩子所需的营养，却忽视孩子发胖的原因。眼光聚焦结果，认知浅表化。从根本上说，这是生活理念的错误外显。亟待帮助孩子减少肥胖困扰，增强身体素质。

作为父母，爱子之情，情理之中，但更要分清“关爱”与“溺爱”，辨别“放开”与“放纵”，培养真正有独立能力、自主锻炼的孩子。正如我国教育家陶行知所言：“出自己的力，流自己的汗，穿自己的衣，吃自己的饭，才是英雄好汉。”

2. 教育偏差造成病态心理

家长望子成才，过分关注孩子的外在表现，忽略内在心理，以致教育言语、评价上的过激。古人有七不责：“对众不责、愧悔不责、暮夜不责、饮食不责、欢庆不责、悲忧不责、疾病不责。”

故事中，小明妈妈过分夸大孩子肥胖的缺点，抨击、贬斥等尖锐的言语如同锋利的剑刃，刺痛孩子弱小的心灵。家长的言语教育，应是客观评价的过程。当力求实事求是、就事论事，避免过度斥责孩子的品质、性格、能力等。

教育孩子切忌贴标签、翻旧账、不分场合、语言暴力等。“良言一句三冬暖，恶语伤人六月寒。”若控制不好负面情绪，会无形中给孩子带来负面的心理暗示，将造成巨大的打击。

3. 示范不端导致不良习惯

部分家长认为，锻炼身体、培养习惯取决于孩子个人。殊不知，孩子的行为与家长的言行息息相关。正确引领，能够带动协同发展；错误示范，将极大阻碍个体身心健康发展。

故事中，小明爸爸饭后瘫坐着玩手机，忽视了言传身教的力量，对培养孩子的良好习惯造成了负面影响。

生活中，父母的示范有着不可替代的作用。于孩子而言，身教重于言传。以身作则，培养孩子良好的锻炼习惯，对形成孩子的意志品质有深远影响。

（二）个人因素

1. 身体缺点，产生自卑心理

小明身体肥胖的缺点，被同学和家长常挂嘴边。处于心理敏感期，自然态度消极，加之环境影响，产生自卑倾向。自卑情绪长期抑制大脑皮层，使其无法调动身体各个器官，身体各项机能受到限制，由此产生种种问题，影响其学习、生活，更有甚者，扭曲人生观等观念，使其误入歧途。

2. 不擅运动，缺少正常交际

“我运动，我健康，我快乐。”初中生应以体育锻炼为主要快乐源泉。故事中，小明因身材肥胖感到压力重重，因运动弱势，感到差距甚远。此种情况下，他抗拒与他人交往，造成离群索居。久而久之，他会丧失未来的勇气和信心，阻碍身心健康发展。

五、指导策略

（一）“小试牛刀，视听风暴”激发运动兴趣

激发孩子运动兴趣，是培养良好运锻炼习惯的前提。感受运动，激发兴趣。不同项目，各有侧重，如长跑、跳绳锻炼耐力，健身操、游泳有助于燃脂，球类运动提升协调性等。让孩子亲身参与、反复尝试，把选择权交给孩子，让孩子自主选择运动项目。

保持孩子的运动兴趣，是培养孩子锻炼习惯的关键。运动使人疲劳，兴趣也随之减弱，视听风暴可以保持兴趣。阅读专业书籍，丰富专业知识，保持运动兴趣；了解名人逸事，感受锻炼成就，保持运动幸福；观看励志短片，克服锻炼困难，激发运动斗志；聆听适宜音乐，缓解身心疲劳，辅助运动效果；参与团体活动，培养合作关系，感受运动快乐。

视听风暴，可以大大提升孩子的运动积极性，收获良好的心理效应。运动不仅有助于增强身体素质，还有益于孩子的全面发展。在运动中享受陪伴，感受快乐，收获成长。

（二）“身体力行，持之以恒”制订运动计划

不贪一时之功，注重积累，持之以恒，才能实现质的突破。明确计划、把握平时、总结评价是运动锻炼的关键。

明确锻炼方向，制订运动计划。受年龄、身体等多方面影响，可以选择不同方式的锻炼方法。可独立完成，也可亲子合力完成。独立完成的有慢跑、游泳、跳绳等有氧运动；亲子合力完成的有羽毛球、乒乓球等球类运动。从实际出发，量身定制家庭锻炼计划表，明确锻炼时间、锻炼内容等。

例如周锻炼计划表如下。

周计划	周一	周二	周三	周四	周五	周六	周日
锻炼时间	19:00 | 19:30	19:00 | 19:30	19:00 | 19:30	19:00 | 19:30	19:30 | 21:00	6:00 | 6:30	15:00 | 17:30
锻炼内容	饭后散步	家庭燃脂操	夜跑 3 km	饭后散步	球类运动	晨跑 3 km	游泳健身

把握平时，提高锻炼质量。不但注重计划的整体时间，而且关注平时，合理利用零散、琐碎的时间进行锻炼。还可以选择健康的出行方式，丰富锻炼内容。如步行或骑车出行等。父母是孩子最好的老师，言传身教，融锻炼、陪伴、亲情于一体。在运动中增进感情，提升身体素质，养成良好的运动习惯，促进身心全面发展。

“意气成功日，春风起絮天。”保持运动习惯，及时总结评价。达成目标，更新计划；未达目标，进行调整，直至达成。不断调整，不断进步。在日常训练和点滴积累中，化长足的进步为成长的喜悦。总结自身，回报付出。

六、实践思考

（一）思考题

1. 能够产生良好心理效应的因素有（　　）。

A. 喜爱体育锻炼并能从中获得快乐

B. 体育锻炼以有氧活动为主

C. 持之以恒地进行体育锻炼

D. 运动负荷以中强高度为宜

2. 有氧运动包括（　　）。

A. 跳绳　B. 游泳　C. 慢跑　D. 举重

【参考答案】

1. A　B　C　2. A　B　C

（二）情境题

全国学生健康调查报告结果显示：学生身体素质持续下降，各项身体机能持续下降，肥胖率、近视率居高不下……有的孩子认为，学习成绩才能决定将来的生活水平，体育锻炼显然不如学习成绩重要；有的家长认为，体育锻炼有助于身体健康，但是孩子学业重、锻炼少，没有良好的运动习惯也很正常。

请结合情境，尝试分析学生和家长的想法。

【参考答案】

本道题为开放性试题，可以从两个角度考虑。学生角度：认知片面。过分看重学习成绩，忽视了体育锻炼的重要性，造成身体素质不断下降。家长角度：缺少措施。认识到身体健康的重要性，但仍任由孩子个性发展而缺少对孩子的锻炼监督、指导。

（三）**案例分析题**

钟南山院士从小酷爱运动，精通各种球类，擅长多项体育运动。百米冲刺最快 11 秒 2，可以举起 100 公斤重量。多次创校运动会纪录，有的甚至保持至今。尽管已经 84 岁高龄，但在工作之余，依旧自主进行各种锻炼。疫情防控期间，钟院士健身的视频再次成为热议的话题。他制订了详细的运动计划，一周三、四次，每次 30—45 分钟。他常说，运动是最好的养生。

根据案例，试分析钟院士身体强健的原因。

【参考答案】

（1）从小酷爱运动，对体育锻炼有高度热情。

（2）积极进行各类体育运动，素质基础扎实。

（3）80 多岁的年纪，依旧坚持体育锻炼，按照计划严格执行。

（4）牢固树立运动养生的锻炼理念，自律性强。

（四）**亲子实践活动**

活动主题：身体素质自测、自评——台阶测试检测青少年心肺功能。

1. 测试准备

准备高度 40 cm 的台阶（男）和高度 35 cm 的台阶（女），根据男女身高的不同，做适当的调整。

2. 测试方法

受试者面向台阶站立，按节拍器节奏上、下台阶，频率 30 次 / 分钟。做好准备，第一声响开始抬一只脚踏上台阶，第二声踏台腿伸直，另一脚跟上台并立，如此往复。持续 3 分钟，完成后立刻静坐测量（运动结束后 1 分至 1 分半、2 分至 2 分半、3 分至 3 分半的脉搏次数，进行记录）。运动过程中，孩子如无法坚持或落后频率 3 次，应立即停止运动，并以秒为单位记录运动时间。

3. 评定公式

评定指数计算公式如下：

评定指数 =（持续运动时间 ×100）/（2×3 次心率和）

4. 评定等级

1 分（差） 45.0—48.5 2 分（较差）48.6—53.5

3 分（一般）53.6—62.4 4 分（较强）62.5—70.8

5 分（强） 大于 70.8

七、智慧分享

（一）学习资料

青少年居家健身前的热身活动

正确的热身是居家锻炼前不容忽视的环节。不进行热身活动或者错误地热身，不仅不能让青少年获得理想的居家锻炼效果，反而可能会导致运动损伤。因此，了解热身活动的意义，学会科学的热身方法至关重要。

热身练习指导内容如下。

1. 原地踏步走

（1）身体呈直立姿势站立，双脚分开，距离小于肩宽，双臂自然垂于身体两侧。

（2）抬一侧腿至大腿与地面平行，双臂自然摆动，呈踏步姿势。

2. 原地垫步跳

（1）身体呈直立姿势站立，双脚分开，距离小于肩宽，双臂自然垂于身体两侧。

（2）抬一侧腿至大腿与地面平行，双臂自然摆动。

（3）抬起腿落地的同时用力蹬地，在前脚掌接触地面的瞬间，快速做一个原地垫步跳，同时另一侧腿抬起至大腿与地面接近平行。双腿交替进行，完成规定的时间。

3. 横向垫步跳

（1）身体呈直立姿站立，双脚分开，距离小于肩宽，双臂自然垂于身体两侧。

（2）抬一侧腿至大腿与地面平行，双臂自然摆动。

（3）支撑腿向脚外侧蹬地发力，抬起腿向外侧展髋，在前脚掌接触地面的瞬间，快速做一个垫步跳，同时重心也向展髋侧移动，换另一侧腿抬起至大腿与地面平行。双腿交替进行，横向移动，完成规定的时间。

摘自《国内外热身活动研究述评》（中国知网）

《运动前后、热身放松的合理方法》（百度文库），均有改动

（二）推荐书目

1.《青少年体育锻炼习惯养成的理论与实践》（王坤，上海交通大学出版社）

体育是提升身体素质的主要途径，可以陶冶情操、净化心灵、调解情绪、缓解压力。本书以激发青少年的体育兴趣和求知欲望为出发点，培养青少年自主锻炼的习惯和意识。对提升青少年身体素质、培养青少年锻炼习惯有着十分重要的意义。

2.《青少年体育锻炼与减肥》（林文弢、冯卫，科学出版社）

《青少年体育锻炼与减肥》从我国青少年肥胖的现状和危害讲起，分析青少年肥胖的生理机制和影响因素，进而探讨通过营养控制和科学运动进行减肥的有效方法。希望《青少年体育锻炼与减肥》能够指导广大青少年科学进行体育锻炼，建立良好的运动习惯，防控肥胖的发生。

参考文献

[1] 杨俊峰 . 试论台阶试验不适合作为中考项目 [J]. 山西青年，2013（16）：121.

[2] 邱华丽 . 台阶试验结果及准确度影响因素分析 [J]. 当代体育科技，2012（22）：15.

[3] 张冰雨 . 新编大学体育 [M]. 大连：大连理工大学出版社，2004.

[4] 郑志丹 . 体育与健康 [M]. 北京：经济日报出版社，2009.

[5] 赵林，毕荣华 . 体育与健康实用教程 [M]. 开封：河南大学出版社，2007.

青少年性教育

异性交往有“尺度”——帮助孩子建立积极的异性交往关系

一、指导目标

（1）帮助家长正确认识青春期孩子寻找异性交往的现象。

（2）指导家长正确引导孩子树立健康的恋爱观，学会积极、健康地与异性交往。

（3）引导家长培养孩子自爱的能力，处理好恋爱与学业的关系。

二、现状分析

进入青春期后青少年的性意识开始觉醒，人际交往中的“异性交往”是一个既敏感又神秘的话题。本课着重指导家长正确看待青少年的异性交往，在进行青春期性教育的基础上，教育青少年把握交往尺度，构建健康的异性交往关系。

早恋，指未成年人在性生理和性心理从不成熟到成熟这一时期对异性倾慕的情感体验，也是成年人眼中非正常的异性交往形式。这一概念通常带有批评的色彩，会误导家长对此做出简单判定。在学术界，一些学者更倾向于把“早恋”这种现象作为“青春期异性交往”或“中学生异性交往”中出现的问题进行讨论。

青春期性教育是在青少年从性萌发到性成熟的过程中，通过教育手段帮助青春期个体正确认识和适应青春期身心的急剧变化，传授科学的性知识和性道德，并纠正他们在异性交往中存在的错误认识和行为中的偏差，从而建立健康的恋爱观念，形成和谐的人际关系和良好的意志品质。

中学生恋爱产生的原因如下：其一，青春期性意识的萌动；其二，家庭结构的缺失和家庭教育的疏忽；其三，应试教育使得孩子对学习失去兴趣，将目光转向恋爱；其四，大众传媒的影响。

下面以亲密关系的相关理论为线索，从主客观两方面探讨青少年早恋的原因。主观因素方面：第一，性成熟提供早恋的生理基础；第二，青少年希望借助与异性建立亲密关系来反抗权威、获取成人感；第三，根据沙利文的人际发展理论，强调青少年渴望与异性同学建立亲密关系的社会性需求；第四，通过与异性亲密交往弥补亲情的缺失，尤其是独生子女对手足之情的渴望。客观因素方面除了大众传媒的影响外，“罗密欧与朱丽叶效应”使得成年人的制止和阻挠使得叛逆的青少年更加反抗。

在性教育方面，学校和家庭性教育普遍严重缺失，学生对性知识的了解情况较差，缺乏系统、科学的知识；学生有着强烈的教育需求而得不到正规的、科学的教育引导。此外，性价值观日趋多元，男女生“青春恋”现象涉及面较广，有的家长放弃青春期教育，导致许多学生热衷“卿卿我我”、无心学习；学生性观念“开放”，性行为随意性较大；三角恋引发男生因争风吃醋而打架；女生缺少自爱、自护的意识，导致意外怀孕事件增多；等等。

以上种种现状表明我国社会教育、学校教育、家庭教育缺乏对青春期孩子异性交往的关注与正确、及时的引导，未能有效渗透积极健康的恋爱观。

《中小学心理健康教育指导纲要》（2012 年修订）明确规定了针对不同年龄阶段相对应的具体教育内容。比如在初中阶段，包含的主要内容有：帮助学生加强自我认识，客观评价自己，认识青春期的生理特征和心理特征；积极与老师及父母进行沟通，把握异性交往的尺度，建立良好的人际关系等。同时该文件还指出，学校要帮助家长树立正确的教育观念，密切联系家长共同实施心理健康教育，协助他们共同解决孩子在发展过程中的心理、行为问题。

三、故事聚焦

丢了“恋爱”，误了学业

小飞原本是一名积极阳光的男生，思维活跃，但有些孩子气。八年级下学期，他喜欢上了班里的一名女生。第一次陷入爱河，小飞课上总喜欢看着那个女孩，课间和体育课上也是追随那个女孩的身影，凑在一起聊天。慢慢地，他开始出现拖欠作业的情况，课堂学习也变得心不在焉。

班主任发现小飞的变化后，找他沟通过多次，希望他能把心思放在学习上，但小飞不承认自己恋爱了，声称只是单纯想帮助女孩解答问题。期中考试后，他成绩滑落很多，最擅长的数学科目竟然考得还不如心仪的女孩。班主任把小飞的情况反映给家长，告知家长小飞可能出现恋爱问题，已经影响到了学业。但小飞妈妈并没有太在意，言语中反而开始“炫耀”小飞在小学时就特别受女生欢迎。据了解，小飞家里还有一个三岁的妹妹，妈妈平时忙于照顾妹妹，并没有太多精力真正关注小飞的学习情况。进入九年级后，因为女孩家长不同意早恋，女孩跟小飞提出了分手，不再理他。这使小飞的状态变得更差，头发每天乱糟糟的，课上也总跟同学闲聊。有一次他被数学老师批评了，回家后情绪激动，扬言不再上该老师的课。小飞妈妈为此专门找到班主任，言语中流露出对数学老师批评小飞的不理解……随着中考的逼近，小飞的状态虽然有所好转，但之前欠下的功课终究难以弥补，中考成绩也很不理想。

四、剖析根源

上面案例中小飞因为对爱情的盲目依恋，迷失自我，从而耽误了学业。

从家长的方面来看，存在以下问题：①持有不合理认知，认为“儿子被女孩喜欢很值得炫耀”，这种虚荣心作怪导致耽误了对小飞恋爱问题的正确引导；②平时忙于照顾妹妹，缺乏对小飞的必要关注，虽然小飞已经长大了，但在性格和行为上还有不成熟的一面；③对小飞的问题存在偏袒的行为，当小飞因失恋产生相应的行为问题时，不能及时发现、正确引导，反而埋怨老师。

从小飞的方面来看，他缺乏正确的价值观和自控力。第一次恋爱，盲目投入，过于依恋女孩。恋爱心理的发展共分为五个时期：异性敏感期、异性吸引期、异性向往期、择偶尝试期和恋爱择偶期。小飞大致处于异性吸引期，他渴望与女孩接触并表现自己。但是小飞对异性的情感认识并不全面，还不明白自己应如何处理这种情感。特别是他忽视了在这个年龄阶段最重要的任务是什么，没能处理好学业与恋爱的关系，反而迷失了自我。甚至当他失恋时，不能及时进行自我情绪和行为的调整，变得有些自暴自弃。

中学生早恋的动机有倾慕、好感、好奇、喜欢、共同兴趣、攀比、压力过大、生理因素等。家庭和学校等应达成一致意见，共同发现孩子成长过程中的问题，及时引导并助力孩子树立正确的人生观、价值观，把握好与异性交往的尺度。

五、指导策略

作为家长，首先不能“大惊小怪”，孩子们寻求异性交往是身心发育的正常心理需求，是生理的冲动。心理学研究表明，学会与异性交往，达成异质社交性是青春期重要的社会成长目标之一。为此，我们需要引导孩子学会掌握异性交往中的尺度。

家长们要学会肯定积极的异性交往，纠正错误的认知，“如异性交往就等于早恋”，同时也要识别不正常的异性交往，主要包括三种：①虚荣模仿型，孩子们会认为身边没有男朋友（或女朋友）便是自身没有魅力，甚至把频繁换异性朋友当作“炫耀”的资本；②感情施舍型，这种类型的情感付出是不平衡的，表现为一方处于“乞求”的状态，行为上纠缠，缺乏自爱，而另一方要么乐享其中，要么不堪其扰；③野蛮放肆型，主要表现在将影视偶像剧里的套路用于自身，当众示爱或索爱，双方行为多变，分分合合等。

（一）青春期性教育遵循的原则

1. 性生理知识和性道德同步渗透的原则

性生理知识可以依靠生物课等常规教学或自主阅读获得，但家长需要通过亲子交谈让孩子明白社会道德规范和自我克制的重要性。

2. 适时、适量、适度渗透的原则

家长要依据孩子的知识储备和性格特点进行及时的教育，比如男孩第一次遗精、女孩第一次月经之前开始渗透比较适宜，提前让孩子明白，避免孩子出现尴尬、羞愧或别的不正常的情绪反应。再比如，孩子生日时父亲告诉孩子，“你的生日是妈妈的受难日”，引导孩子对妈妈表达感激，也引导孩子了解孕育生命的不易，增强对生命的尊重。

3. 教育为主，切忌简单粗暴干涉

家长要积极开展优秀男孩女孩的培养，教育孩子将精力主要用于提升自我，让其明白优秀的人总是自带吸引力与光芒，鼓励孩子养成正确的行为习惯。对于那些为了猎奇或从异性身上寻找快乐的孩子，既要讲清道理，更要从道德观念上让他们严肃地认识这些问题，切忌简单粗暴。虽然有时他们在压力下也能屈从，不过这在情感上是沉重的打击；也有少数的青少年面对压力，出于幼稚无知或好面子，为了表示对爱情的坚贞，反而闹出乱子来。所以一定要从讲道理入手，从小渗透正确的价值观念，出现问题时及时因势利导。

（二）青春期性教育常用的方式

1. 引导孩子与异性正常交往

有些上中学的学生，是老师和父母眼中的学霸，大部分时间用于看书学习，但不善于交际，尤其不会跟异性进行正常交流。家长应该引导、鼓励孩子平衡好学业和交际的关系，若家长不清楚怎么做，也可以阅读一些相关的书籍或听一些专家讲座，帮助孩子正确对待青春期与异性的关系。

2. 通过拉家常的方式进行教育

家长可以借某次跟性有关的事件拉开话匣子，让孩子适时了解相关的性知识，了解异性交往中要学会自爱和尊重，不宜过早尝试。

3. 丰富课余生活，告别不良爱好

家长应鼓励孩子多多参与文体类、艺术类活动，转移孩子的注意力，培养积极健康的生活习惯。避免孩子因空虚、无聊看一些低级的影视剧，沉迷于网络小说或者网络游戏等，或受到不良环境的诱惑。

4. 给孩子挑选一本健康科学的书籍

处于青春期的孩子如果不能从正常渠道了解相关性知识，势必会从别的渠道去探索。家长要给孩子讲解恋爱和婚姻的基本常识。比如父母可以送给孩子一本书，并在封面上写上："这是一本解密青春期成长密码的书籍，它会引导你更好地认识自我，学会自爱，学会尊重，成为更优秀的自己。"

总之，在家庭教育中开展青春期性教育，有助于帮助孩子正确对待性生理和心理现象，对性冲动保持理智态度；有助于防止在成长过程中产生的性心理障碍；有助于减少青少年的性犯罪事件；有助于孩子们的健康成长。

六、实践思考

（一）思考题

在家庭教育中，如何进行青春期性教育？

【参考答案】

既要注意青春期性教育的若干原则，也要适时采用各种方式有意识地开展性教育，如引导孩子与异性正常交往；通过拉家常的方式逐步渗透；丰富课余生活，告别不良爱好；挑选一本好书，与孩子共同成长等。

（二）情境题

目前很多研究都会提及恋爱对中学生的危害性，从而呼吁教育者重视这一问题，采取各种方式减少中学生恋爱的现象。但也有学者指出，并没有实证研究表明中学生恋爱会影响学习，而由恋爱产生的身心伤害更多是教育者对中学生恋爱的不当处理所导致的后果，恋爱本身反而具有一些长期以来被忽视的积极作用。

你是如何看待中学生恋爱问题的，在家庭教育中要如何帮助孩子建立积极的异性交往关系？

【参考答案】

中学生恋爱现象日趋普遍，恋爱是青春期孩子生理和心理发展中的正常情感体验，作为家长需要适时给孩子渗透正确的恋爱观，引导孩子学会把控异性交往的尺度。

在家庭教育中，为帮助孩子建立积极的异性交往关系，需要在日常互动中注意以下几点：积极陪伴，加强与孩子的情感沟通； 让孩子参与家庭事务的管理，让孩子感受到尊重和平等；加强情感交往技能和自我保护技能的教导，用心培育优秀女孩和阳光男孩。

（三）案例分析题

乖乖女的初恋

乖乖女的自述："初二的时候，我跟我初恋在一起也不是一见钟情的，一开始我还挺讨厌他的，当时是一个偶然的机会，一开始我对后进生没什么好感，当时我是组长，老师把他调到我旁边，我当时还挺生气的，就找老师去了，我说'老师，我不想和他一个组'，老师还劝我说你要一视同仁什么的，我就说那好吧。" "然后我们就在一个组，因为是那种面对面的组，大家处得还不错，一来二去就熟了，也不知道怎么回事就喜欢上他了。"

思考：请你结合所学，对上述案例进行分析。

【参考答案】

本案例中，乖乖女一开始对后进生没有好感，但老师却安排一个后进生坐在自己旁边，一来二去，两人慢慢熟悉起来，也就有了好感。青春期女孩在异性交往中，有时会因为对异性俊朗阳光的外表而"一见钟情"，有时也会因为与异性的日常交往而产生亲切感与依恋。无论是同桌、前后桌，又或者是经常在校园里遇见，都会使得她们习惯于某个人的存在，这个人潜在地融入了她们的日常生活之中，成为生活秩序感的来源。与此同时，空间距离的接近带来了丰富而鲜活的交往形式和不同层次的接触经验，共同上课、相互讲题、打打闹闹、放学一起回家等等，异性身上的美好情感和美好品质就在这样的交往中逐渐显现出来。对于这种自然而然产生的情感，家长首先不要急于否定，其次要正确引导，把这种变好的情感迁移到学习发展上去。

（四）亲子实践活动

活动主题：测量出异性交往中的适当距离。

父母一方扮演孩子的一位异性朋友，让孩子逐渐靠近你，感觉再靠近就有些“别扭”时，就停下来。通过活动向孩子渗透社交距离等话题，让孩子明白保持适当社交距离的重要性，不给自己和朋友带来误解和麻烦。

七、智慧分享

青春期作为人生的关键阶段，身心的骤然变化或多或少会引发一些问题，如果在这个阶段不能及时处理好相关问题，那么势必会影响孩子的健康发展。

作为智慧型家长，我们既要关注孩子的学习情况；也要学会细心观察他们的身体变化，有无不适和困惑，与异性同学的交往是否正常，心中的小秘密是否会与家长交流等。家长应该在日常的互动中有意识地、适时地告诉孩子生命的诞生过程、男女性别的差异、青春期发育的特点等知识，而且要从一点一滴培养孩子积极健康的生活态度，教会孩子尊重生命、尊重他人，知道如何保护自己和对自己的行为负责。

（一）学习资料

宽容“早恋” 让孩子们学会“爱”

“早恋”是个老话题，但同时也是个无法回避的话题，花季雨季的少男少女处在一个懵懂的年纪，对异性和情感充满疑惑和好奇。那么，家长应该如何面对孩子们的“早恋”问题呢？安徽医科大学附属安徽省精神医学中心应用心理学专业胡浅介绍，早恋主要指初高中处于青春期的男孩女孩建立的恋爱关系。这种恋爱情感不是十分成熟，又因学生多有升学压力，这时异性的吸引和恋爱关系的不稳定可能会对学生的学习成绩造成影响，家长发现时多持反对意见，导致父母与孩子之间缺乏正常的交流，往往会造成更加不良的影响。

对于家长如何面对孩子们的“早恋问题”，胡浅表示，家长应从以下几个方面做好心理建设。

（1）明白孩子们早恋的可能原因：一方面是为寻找精神依托，升学的压力充斥在初高中学生的生活之中，尤其在初三、高三时大家的“神经”都是绷紧的，这时异性间的些许安慰和倾诉可能让两人互生好感；另一方面，青春期的少男少女们对于爱情还是懵懂的，某些爱情小说和影视剧，甚至课本中的爱情故事对这些情窦初开的男孩女孩无疑都有巨大的诱惑力。

（2）积极交流，只疏不堵。家长可以选择一个合适的时间，比如孩子做完作业的晚上，或者家庭聚餐以后，因为安静、欢乐的氛围可缓解双方的紧张，和孩子进行一次深入的交谈，解决孩子可能存在的烦恼，比如学习压力、对家长的不满，以及合理的诉求，最后再聊恋爱问题，如果交流不顺，一定要适可而止，避免矛盾的产生。

（3）营造良好的家庭氛围。一个充满爱的家庭环境会让孩子更加放心地与父母交流心底的“小秘密”，即使对异性产生了爱慕，孩子也会主动与信任的父母其中一方交流或者有所提及，家长对孩子的心理变化也会更加了解。

（4）与学校保持密切的联系。孩子发生早恋时，应在积极沟通、配合老师、理解并尊重孩子的情感变化的前提下，温和地帮助孩子协调处理好青春期的种种困难和烦恼。

摘自“学习强国”平台

（二）推荐书目

1.《给男孩的身体书》（〔美〕凯莉·邓纳姆，中信出版集团）

本书是送给8—16岁男孩的贴心成长指南，有八大成长主题，全面解答男孩的71个青春期困惑，帮助男孩从容应对成长焦虑和迷茫。

2.《给女孩的身体书》（〔美〕凯莉·邓纳姆，中信出版集团）

本书是送给8—16岁女孩的贴心成长指南，有八大成长主题，全面解答女孩的68个青春期困惑，帮助女孩从容应对成长焦虑和迷茫。

参考文献

[1] 彭泗清．对“青春期”异性交往的八种误解[J]. 中国青年研究，2000（1）：5-7.

[2] 王超良．对“中学生异性交往过密”现象的探究[J]. 中国教育学刊，2004（3）：28-30.

[3] 马玉洁．高中生青春期性教育问题研究[D]. 太原：山西师范大学，2016.

[4] 芦巧惠．当前中学生早恋现状分析与教育对策[J]. 天津师范大学学报（基础教育版），2010，11（3）：62-65.

[5] 韩玥．优势视角下针对青少年“早恋”行为的探究与引导[D]. 北京：首都师范大学，2012.

[6] 佚名．恋爱心理：心动不一定是真爱！[J]. 中外女性健康，2013（10）：84-85.

亲子沟通

用“心”沟通最温暖——构建良好的亲子关系

一、指导目标

（1）引导家长认识到亲子沟通对建立良好亲子关系的重要性。

（2）帮助家长了解并掌握亲子沟通不良的原因、危害以及改善方式。

（3）指导家长与孩子建立良好的沟通关系，并将沟通观念植入心中。

二、现状分析

初中阶段是人生中一个既特别又重要的阶段，特别是初三学生，在身体和心理急剧变化的同时，又面临着中考压力。近年来，亲子沟通的问题愈发凸显。家长常常感到既沮丧又困惑：现在的孩子到底在想什么？他们到底想要什么？孩子对家长的抱怨声也是有增无减：妈妈爸爸很唠叨，他们一点都不理解我，不关心我的感受等等。亲子沟通的障碍导致了亲子冲突屡屡发生，削弱了家庭教育的有效性。

相关亲子沟通状况调查结果显示，亲子沟通质量随着年龄的增长而逐渐下降。其中“你认为父母最关心你的哪个问题”这一题项，71.9% 的同学选择学习，12.1% 的同学选择情绪、内心，10% 的同学选择爱好、兴趣。同时“你最想让父母关心你的哪个问题”这一题项中，12% 的同学选择学习，51.2% 的学生选择情绪、内心；27.8% 的同学选择爱好、兴趣。在“对家长的沟通方式是否满意”这一题项中，只有 35.3% 的同学选择满意。由此可见，家长和孩子在沟通的期望、沟通的内容上存在较大差异，导致他们很难在沟通中达成共识。

三、故事聚焦

爱更需要沟通

“老师，我实在受不了我爸妈了。放学进家第一句话就是快写作业去，写完作业还要写课外题。成绩下降 2 分就唠叨起来没完没了。有时候，我不想听他们说话，就把自己关在屋里，我妈就用脚踹门。我经常半夜躲在被窝里哭，还自己跑去过楼顶。我想离开这个世界，或许这样就能解脱了吧。”

这是小彤放在老师办公桌上的一封信里的内容。看完信，老师连忙把她找来。小彤是一个白白净净的女生，眼睛很大却没有神采。老师一边拉她坐下一边说：“有什么话，跟老师说，我一定尽我所能帮你。”随着一行清泪滚落，小彤打开了话匣子……

她家的经济条件很好，父母带着弟弟在农村开厂子，周末回来。之前是爷爷奶奶陪她在城区上幼儿园。爷爷奶奶对她百依百顺，周末才回来的父母更是要什么给什么。上小学时，父母每天来回跑，对她的学习抓得非常紧，周末还有各种辅导班。年级越高，要求越严，除了学习成绩其他的都不关注，她和父母之间的交流越来越少。自从她磨着父亲买了手机后，就经常和几个小姐妹聊天，把自己的心事说给她们听，一聊起来便舍不得放下手机，学习成绩也越来越差……

征得了小彤的同意后，老师请来了她的父母。

母亲说：“孩子小时候我们不在身边，总觉得亏欠她。后来发现宠得过头了，让她特别任性。为了让她不输在起跑线上，我们每天来回跑，周末还送她上课外班。我们容易吗？她太不懂事了！”

老师问：“你们尝试过和孩子心平气和地交流吗？”

父母答：“我们也想啊，她在家经常关着房门，除了吃饭，其他时间都在自己屋里。”

“为什么不爱理你们？我说一，我妈说二，我俩永远不在一个频道上，我跟她谈兴趣爱好，她说那有什么用，别天天整这些没用的，还叫我怎么说？”一直不说话的小彤突然冲着父母嚷道。

母亲一听，急了：“看！看！就这样，一不高兴就要。”

小彤说：“有时候我也想和妈妈说说自己的事，但是她一张嘴就唠叨起来没完没了，最重要的是不管跟她说什么，她都能聊到学习上去。”

这时，老师请小彤暂时离开，单独和她父母聊了起来。一开始，小彤的母亲觉得孩子有轻生的念头是为了吓唬人。在老师一再警示下，他们才意识到问题的严重性。

老师说：“有没有想过，孩子今天这样的状况和家长的沟通方式有很大的关系？在孩子成长的关键时期，你们没有与孩子进行有效的沟通，而总是把自己的意愿强加于她，导致沟通越来越少，她的心门也就向你们关闭起来了。”

小彤的父母若有所思地点了点头，他们似乎理解了，他们所给予的物质沟通远远超过了精神沟通，小时候对小彤是溺爱，长大后小彤是缺爱，这都是错爱的方式。

相信在学校、老师和父母的共同努力下，小彤和父母的关系一定会有所缓和，小彤的脸上也会见到久违的笑容。

四、剖析根源

许多亲子沟通类的研究报告显示，很多初中生认为，虽然自己每天和父母生活在一起，但父母并不了解自己的想法，自己也不愿意和父母沟通，有些话宁可憋在心里。

父母的工作时间不断延长，与孩子相处、教育孩子的时间越来越短，慢慢使孩子与父母产生疏离感。进入初三，中考临近，更是加剧了这种亲子之间的矛盾。现实中像小彤和父母这样爆发冲突的情况屡见不鲜。其中既有孩子自身的原因，也有家庭环境和父母的原因。

（一）自身原因

初三学生正处于青春期，叛逆意识、自我意识大大增强。青春期的孩子以自我为中心，考虑问题不周全，且更关注自己的内心感受，难以真正理解父母。故事中的小彤就是如此，进入青春期后，小彤有了更多的内心需求，她希望家长能理解自己的感受，关注自己的精神世界，但父母在这一时期更关注小彤的学习成绩，久而久之，小彤觉得自己的价值只体现在成绩上，只有成绩好了父母才会爱自己，这让小彤感到孤独和自卑。

此外，小彤的父母在她小的时候又因为觉得“亏欠”她而对她有求必应，导致小彤长大后依然希望父母能更多地顺从自己的心意，容易对父母产生不满，导致亲子沟通难度增大。

（二）家庭原因

1. 家长的沟通观念问题

很多青春期的孩子不愿和父母沟通，这与父母自身的沟通观念有关。当孩子表现出低沟通意愿时，父母很少思考原因，而是会直接以掌握“话语霸权”的身份来评判孩子的行为。部分家长在与子女进行交流时，总是习惯把自己放在相对权威的位置，强行用自己的经验认知规范孩子的思想和行为，在这样的交流中，孩子缺少来自父母的尊重。久而久之，孩子与父母沟通的意愿就会越来越低。

小彤的家长和她的交流几乎每次都和学习成绩有关，小彤的社交、兴趣爱好都要给学习让路，这样的沟通其实是父母单方面的“要求”，小彤自然感受不到被父母尊重和包容的爱，导致亲子之间形成对立情况。

2. 家长的沟通方法问题

沟通方法不对，会导致亲子沟通时出现词不达意、关系紧张、适得其反的现象。大部分家长在沟通中难以放下长辈的身份，不理解倾听的重要性，只会对孩子的想法加以指责和批评，沟通往往变成说教，自然达不到想要的效果。

故事中小彤的父母很少倾听孩子的心声，有时小彤表现出了沟通意愿，想和父母聊聊学习以外的事，也会被父母打断，然后开始教育小彤要把心思用在学习上等。当小彤在沟通中表现出负面的情绪时，父母也无法理解和接纳孩子的情绪，甚至会被小彤不好的“态度”激怒，觉得孩子不听话，不理解父母的苦心。这样的沟通方式是存在很多问题的。

五、指导策略

（一）善于倾听

倾听是亲子沟通的第一步，“积极倾听”是打开亲子沟通大门的钥匙。父母如何“听”，孩子才肯说呢?

第一，倾听时要有专注的目光。孩子主要通过观察父母的眼睛来获取反馈，判断听者是否真的在听，并据此来调整传递信息的内容和方式。在亲子沟通中，父母要以鼓励、专注的眼神看着孩子，以表示自己对孩子所讲的内容非常感兴趣，从而增强对方表达自己的愿望和信心，强化其内在沟通动机，提高亲子沟通的成效。

第二，要用肯定和鼓励的姿态和适当的面部表情进行回应。在倾听时，家长要使身体微微向前倾，与孩子保持较亲近的距离，适时地点头（尝试说“嗯”“哦”“是的”）、微笑等，类似这样的肢体语言可以传达家长对孩子表述内容的关注，从而达到鼓励孩子完整地表达自己的目的。

（二）关注孩子的情绪和感受

亲子沟通中，交谈变得困难，孩子着急、发飙或者沉默的时候，是孩子渴望家长能理解他的感受、读懂他的情绪的时候。高效的沟通，首先要处理好情绪，才能谈事实。用“我理解你的感受……”“听起来你有点……”“你感到……是因为…”“我看到……”的句式，让孩子感受到被理解，从而让他们更愿意表达内心的感受。

当父母理解孩子此时的感受时，孩子的情绪就被接受了，父母不再是居高临下的姿态，而是渐渐地走进了孩子的内心。

（三）不直接做出价值判断

家长在亲子沟通中，要做到以尊重、接纳的态度和孩子交流。不打断、不评判的谈话是高难度的谈话。越是跟亲近的人沟通，我们越容易打断和评判，如“你这样做是不对的”“你为什么不那样做”等等。当家长这样评判的时候，孩子的情绪会立刻反弹起来，此时，两人的沟通从孩子“我想说”变成了家长的说教，交流受到阻断，结果只能是不欢而散。

如果家长对孩子讲述的内容有更多的好奇心，就让孩子完整地讲清整件事，讲述他内心的感受，孩子会感到被接纳，这将是亲子沟通一个好的开始。家长可以多提出开放性问题，比如：“能具体说说看吗？”“还有其他吗？”“为什么呢？”“我很想听听你的看法”“我很好奇，你是怎么做到的？”……这样的提问方式让孩子能更多地讲出有关情况、想法、情绪等。亲子沟通中的开放性提问，一方面能引导孩子回答和描述更多细节，另一方面也能带动孩子思考。

（四）慎用批评

家长都有“望子成龙，望女成凤”的心情，希望可以好好地教育孩子，让孩子朝着健康的方向发展，因此难免会批评孩子的一些错误行为和想法。但有的家长不能控制自己的情绪，导致批评变成了泄愤。表情失去管理，态度冷若冰霜，言辞讽刺挖苦。家长在对孩子的谩骂声中解了气，却对孩子的心理造成了不小的影响，严重打击了孩子的自信心，挫伤了孩子的积极性。批评是一把双刃剑，使用时一定要慎重。“数子十过不如奖子一长”，家长可以尝试多用正向的鼓励。

当然，不同孩子适用的方法也各不相同。我们不妨试一试，让孩子学着通过自己评估自己来增加对自身状况的了解。在许多小问题的解决上，先让孩子对自己的猜想或行为结果进行估计，然后再由家长陪孩子一起寻找答案，这样不断练习，可以增加孩子对自我水平的了解。

六、实践思考

（一）思考题

请结合生活实际以及对上述故事的感悟和文章中所提观点的理解，谈谈怎样才能让沟通更顺畅。

【参考答案】

①善于倾听。②关注孩子的情绪和感受。③不直接做出价值判断。

④慎用批评。

（二）情境题

自上初三以来，文文和妈妈约定好只有周末才能玩两个小时的手机，可是每次玩到两个小时，文文都舍不得放下。妈妈每次都说："差不多行了！别玩了！"可文文嘴里答应着，还是手机不离手。就这样妈妈不断地催，文文一边敷衍一边玩，常常多玩出一个小时，有时妈妈会直接抢过手机，弄得母子大吵大闹，有时妈妈则会妥协。

如果你是文文的家长，遇到这种情况，会怎么做呢？

【参考答案】

快到时间时提前提醒："还有2分钟，时间快到了哦！"到时间的时候，如果孩子还想玩，就对他说："别忘了咱们的约定啊，你答应的事做不到，那么怎么要求别人做到答应你的事呢？"

家长日常跟孩子对话时不要总是用模糊概念，如"等一下就好""差不多就行"。要多说具体的时间，比如："再等5分钟！"大人有意引导，孩子更容易建立时间管理意识。此外，家长也应尽量不在孩子面前玩手机，因为孩子是从模仿父母的言行开始规范自己的言行的，家长以身作则、言而有信，这样才更容易和孩子建立起信任关系，家长的意见才更容易被孩子接受。

（三）案例分析题

小慧的成绩在班级中名列前茅，周末她不想参加补习班，而是想按照自己制定的计划自己进行学习。但是妈妈不同意，认为别人都参加补习班，小慧不参加就要落后了。于是小慧尝试和妈妈沟通："补习班老师讲的内容和学习进度跟我的不一样，我报补习班效率不高，还不如自己学。"但妈妈却认为："你不参加补习班是想周末偷懒，自己学习肯定没有上补习班的学习效果好。"妈妈不听小慧的意见，给她报了好几个补习班。为此，小慧很不开心，妈妈却认为自己做得很对，母女关系变得很僵。

结合本章节内容分析，小慧妈妈这样做对吗？她应该如何与小慧沟通？

【参考答案】

小慧妈妈的做法不正确。她没有倾听孩子的想法，擅自做出价值判断，把自己的意愿强加给孩子。家长在与孩子意见不同时，应该放下家长的权威身份，了解孩子真实的想法，帮助孩子分析问题，权衡利弊，做出最佳的选择。在本案例中，妈妈可以让小慧列出自己的学习计划，与小慧一起分析目前的学习状况，选择最适合孩子的学习方案。

（四）亲子实践活动

活动主题：我想对你说。

（1）孩子以“爸爸 / 妈妈，我最想听到您说……”“爸爸 / 妈妈，我最不想听到您说……”开头，各写 3 个句子。

（2）父母以“孩子，我最想对你说……”“孩子，我最不想对你说……”为开头，各写 3 个句子。

（3）写好之后互相交换，并真诚地说出自己的想法。

七、智慧分享

（一）学习资料

沟通中的提问技巧

1. 区分开放式提问和封闭式提问

封闭式提问是家长常用的一种提问方式，例如“最近考试了吗？”“今天认真听课了吗？”的问题等；而开放式问题则是“今天在学校学了什么？”“你学得怎么样？”等问题。对封闭式提问孩子只能做出肯定或否定的回答，如果家长反复用封闭式提问，孩子就没办法说自己想说的，谈话自然无法深入。所以，如果我们想要了解更多信息，就要多用开放式提问。

2. 开放式提问慎用“为什么”

开放式提问，常用的是“什么”“怎么样”和“为什么”句式。在亲子沟通中，很多父母非常喜欢问“为什么”，以便了解孩子的想法、行为和情绪。但是“为什么”有时候会给孩子一种责备的感觉，孩子容易产生抵触情绪。比如下列对话。

家长问孩子：今天在学校都学了些什么?

孩子说：记不太清楚……学了函数。

家长问：你为什么记不清楚?（这句话的潜台词是：别人都记得清，你记不清是不是上课不认真？）

孩子的回答是：上午上的课，时间长了，我记性不好，有点忘了。

家长可能会说：记性不好，那上课就要更认真、更努力地去记。

孩子就会有抵触：你怎么知道我没努力?

本来家长想了解孩子记不住的原因，却因为不合适的提问，变成了指责孩子。这时候你可以用“什么”代替“为什么”，比如：“你说你记不太清，可能是什么原因呢？”

3. 用升调重复孩子的回答，让孩子自己说下去

想要避免“为什么”带来的负面效果，可以换个方式来表达，那就是将孩子的话重复一遍，结尾语音用升调：“你说你记不清上课的内容？”一般情况下，重复再加上升调结尾，说明你对孩子说的话很感兴趣，很关注孩子，孩子感受到家长的关注，就愿意继续说下去。

孩子可能会说“嗯，现在想起来了，数学学了函数的对称性，语文在上文言文”。孩子也可能会说“今天的内容有点难，我不怎么听得懂，所以记不清楚”。不管是哪种回答，都达到了和孩子沟通的目的。只有了解了孩子的想法，才能够更好地帮助孩子。

摘自微信公众号“柠檬心理”（有改动）

（二）推荐书目

1.《正面管教》（〔美〕简·尼尔森，北京联合出版公司）

该作品提倡家长要有和善而坚定的态度，教育孩子可以春风细雨，既给孩子安全感，又达到教育的目的。

2.《非暴力沟通》（〔美〕马歇尔·卢森堡，华夏出版社）

非暴力沟通是一种沟通技术，本书通过检验沟通中的语言暴力，来做出积极的改进，以更高效的方式和对方沟通。

附 录

附录 1　中华人民共和国家庭教育促进法

附录 2　全国家庭教育指导大纲（修订）

附录 3　教育部关于加强家庭教育工作的指导意见

附录 4　天津市教委关于深入推进家庭教育的通知

附录 5　家长家庭教育基本行为规范

后 记

为学习贯彻落实习近平总书记关于家庭教育的重要论述，落实《中华人民共和国家庭教育促进法》，按照天津市教育两委的重要部署，天津市学校家庭教育指导中心（简称指导中心）组织编写了《学校家庭教育指导教程》（简称《教程》）。天津市教育两委的领导非常关心《教程》的编写工作，并提出了指导要求；天津市教育两委学生思想教育与管理处杨明处长对《教程》的编写工作进行了直接指导，对《教程》的基本定位、整体构想、撰写框架等提出了具体意见；指导中心负责统筹与组织工作，成立专家组主持编写工作并审定全书；天津开放大学参与了书稿的统筹与编辑工作。

指导中心专门成立了《教程》编写委员会（简称编委会），指导中心主任、天津开放大学校长张宗旺领导编委会工作，指导中心副主任、天津开放大学副校长刘智刚统筹推动《教程》的编写工作，指导中心办公室主任王鲲负责组织和协调《教程》的编写和出版工作，指导中心智库专家委员会主任张铁梁牵头组织《教程》的总体策划和编写工作。编委会成员李淑英、陈秀茹、张铁梁、曹瑞、黄正明等专家负责组织《教程》各分册的编写和审阅工作。

《教程》幼儿园分册主编：李淑英；副主编：许洪媛、高歌今、赵静、唐晓岩、谢静；编委：赵静（适应体验、幼小衔接）、李丹萍（同伴交往）、李蕊（规则意识）、王莹（亲子游戏、亲子沟通）、李立霞（兴趣萌发）、张燕（观察探究）、许洪媛（学习体验）、谢静（和谐氛围、健康锻炼）、韩文景（情绪管理）、朱姗姗（自我保护）、乔莹莹（审美体验）、冯烨（亲子阅读）、孙敏（自我服务）、王静（家务劳动）、张浩（自我管理）。

《教程》小学 1—3 年级分册主编：陈秀茹；副主编：杨军红、刘学菊、吴学鸥、董晓晖；编委：董晓晖（适应教育、环境营造、交往能力、生活习惯养成）、汪芳（责任教育）、杨军红（品质习惯养成、情绪管理）、陆萱（规则意识）、肖宏卿（专注力培养）、张博（学习习惯养成）、范正伟（亲子阅读、健康兴趣）、朱广英（时间管理）、赵洪秀（生命教育）、田宇航（艺体教育）、刘学菊（榜样效应、家务劳动）、张士爱（沟通艺术）。

《教程》小学 4—6 年级分册主编：张铁梁；副主编：杨立军、刘晶、丁立群、焦茹；编委：赵苑珺和朱媛媛（品德培养）、魏庆莉和吴凯月（社会交往）、石浩辰（金钱管理）、赵娜（集体观念）、彭利敏（学会学习）、陈静和杨立军（平静心态）、焦茹（时间管理）、林悦（挫折教育）、梁婧（青春前期）、胡博（悦纳自我）、贾琳（抵制欺凌）、王建宇和阎虹（理性崇拜）、郭嘉和牛秋菊（异性交往）、郭子瑞和苏力娅（善用网络）、田萌（心态调整）、张其庆和王萌洁（法治课堂）、张虹和宋慧芳（生命为本）、郭诗华和丁立群（小初衔接）。

《教程》初中分册主编：曹瑞；副主编：周德勇、苗有志、周静、范葳、吕洪雨；编委：杨阳（适应教育）、王金武（理想信念）、周静和李树琴（媒介素养）、丁鉴（时间管理）、张晰尧（身体健康）、吕洪雨和李艳红（学习指导）、张兆青（悦纳自我）、徐艳枝（法治教育）、范葳

（心理健康、价值观教育、生涯规划）、周静和王东艳（青春期教育）、王媛平（青少年性教育）、宫敬芬（审美教育）、马莲（家风建设）、赵金艳（劳动教育）、王秀平（责任意识）、高雁（亲子沟通）。

《教程》高中分册主编：黄正明；副主编：侯立瑛、王涛、吕燕津、魏锐；编委：李媛（品行培养）、牛阿娜（学习指导）、王涛（时间管理、法治教育）、邢雯（家庭关系）、李晓珊（生涯规划）、刘立雪（宽容教育）、申远（媒介素养）、秦简（审美素养）、肖文国（劳动教育）、王莉（安全教育）、魏锐（财商教育、人际交往）、崔巍巍（理想信念）、吕燕津（感恩教育）、阚艳丽（情绪管理）、魏佳庆（责任意识）、王健伟（应对高考）。

天津大学出版社对《教程》的编辑出版工作高度重视，总编辑宋雪峰亲自指导、社长助理张英认真负责，付出了辛勤的劳动。谨在此一并致谢！

在此，谨向为编写、出版《教程》付出辛勤劳动的领导、专家、教师致以崇高的敬意！由于受篇幅限制，本书内容难以面面俱到，不妥之处恳请广大读者批评指正。

编　者

2022 年 1 月